EL FUTURO
es
IMPERFECTO

Tracy Dennis-Tiwary

EL FUTURO es IMPERFECTO

Por qué **la ansiedad** te hace bien
(aunque se sienta mal)

DIANA

Título original: *Future Tense*

© 2022, Tracy Dennis-Tiwary

Traductora: Susana Olivares

Diseño de portada: Planeta Arte & Diseño / Grupo Pictograma
Ilustración de portada: © iStock

© 2023, Editorial Planeta Mexicana, S.A. de C.V.
Bajo el sello editorial DIANA M.R.
Avenida Presidente Masarik núm. 111,
Piso 2, Polanco V Sección, Miguel Hidalgo
C.P. 11560, Ciudad de México
www.planetadelibros.com.mx

Primera edición en formato epub: julio de 2023
ISBN: 978-607-39-0218-2

Primera edición impresa en México: julio de 2023
ISBN: 978-607-39-0214-4

Esta obra no es un tratado de medicina y no sustituye la consulta con el médico
o cualquier otro profesional de la salud. En tanto que los consejos y sugerencias
contenidos en este libro no están destinados a remplazar los servicios médicos.
Si se requiere asistencia profesional, deben solicitarse los servicios de un
profesional competente, ni la autora ni el editor asumen responsabilidad alguna
por el uso que se dé a la información derivada de este libro.
El asesoramiento y las estrategias que figuran en la presente obra pueden no ser
adecuados para todas las situaciones. Esta obra se vende en el entendimiento
de que, el editor no se dedica a prestar asesoramiento o servicios médicos.

Impreso en los talleres de Litográfica Ingramex, S.A. de C.V.
Centeno núm. 162-1, colonia Granjas Esmeralda, Ciudad de México
Impreso y hecho en México – *Printed and made in Mexico*

Para Vivek, Kavi y Nandini

ÍNDICE

11

ser tan desagradable para que sirva de algo. La ansiedad trasciende nuestras respuestas básicas de lucha o huida porque se encuentra arraigada dentro de nuestros esfuerzos por alcanzar la conexión social y las recompensas futuras.

La ansiedad surge porque somos personas que piensan en el futuro y se preparan para él. No obstante, nuestra incomprensión de la ansiedad evita que podamos verlo, de modo que la experimentamos solo como algo negativo que nos incapacita.

Las razones y el momento en que se deformó nuestra comprensión de la ansiedad, y cómo es que la ciencia y la vida moderna exacerban esta incomprensión

Las ciencias psicológica y médica convirtieron a la ansiedad en un trastorno. Sin embargo, ya antes de eso los puntos de vista medievales acerca de las emociones y de la vida del alma satanizaron a la ansiedad. Aprendimos a pensar en ella como algo que evitar y reprimir, lo que solo causa que se salga de control.

Dado que pensamos que la ansiedad es una aflicción indeseable, hacemos todo lo que está en nuestro poder por deshacernos de ella.

La sobreprescripción generalizada de ansiolíticos y analgésicos es un ejemplo perfecto de ello; uno que ha tenido resultados dañinos e incluso fatales.

La tecnología digital es impulsora de una ansiedad nociva porque facilita el escapismo y trastorna las conexiones sociales favorables. Sin embargo, es un error culpar a la tecnología por todos los tipos de ansiedad problemática; lo anterior desestima la complejidad del problema al tiempo que evita que veamos la forma de utilizar las tecnologías digitales de mejor manera.

Ver la ansiedad como una aliada mejorará cada parte de nuestra vida y puede promover ingenio, creatividad y alegría excepcionales. Al rescatar la ansiedad, nos rescatamos a nosotros mismos.

La incertidumbre nos mantiene al límite. Al acercarnos a esa incomodidad a fin de averiguar qué es lo que podemos hacer acerca de la incertidumbre, incluso en medio de una pandemia, abrimos la puerta a posibilidades que jamás imaginamos. Cuando logramos hacerlo, la ansiedad se convierte en la salsa secreta.

Cuando aceptamos la incomodidad de la ansiedad y prestamos atención a lo que nos está enseñando, nos volvemos más creativos; ya sea que estemos generando obras de arte o averiguando qué hacer de comer.

Es demasiado frecuente que reaccionemos a la ansiedad de nuestros hijos por medio de las adaptaciones y la sobreprotección. Lo hacemos con la mejor de las intenciones y porque creemos que son frágiles, pero estamos equivocados. Podemos ayudar a nuestros niños a ser la versión más fuerte y resiliente de sí mismos cuando dejamos de temerle a su ansiedad; y a la nuestra.

Si has leído hasta este punto, ya cambiaste de mentalidad con respecto a la ansiedad. Ahora, es momento de hacer algo con eso.

PRÓLOGO

«QUIEN HAYA APRENDIDO a experimentar la ansiedad de la manera correcta, habrá alcanzado el saber supremo», escribió un famoso filósofo.[1]

Un momento... ¿existe una manera correcta e incorrecta de estar ansiosos? Me suena a algo más acerca de lo cual sentirse ansioso. Sin embargo, no cabe la mínima duda de que Søren Kierkegaard, a quien me gusta considerar el santo patrono de la ansiedad, estaba en lo correcto.

Detestas sentirte ansioso; yo también. Lo mismo le pasa a todo el mundo. Es una emoción que puede ser angustiosa, abrumadora, debilitante. Es por eso que todos pasamos por alto lo que Kierkegaard estaba tratando de comunicarnos: que la ansiedad quiere ser nuestra amiga. Quiere que la reconozcamos, que la validemos; que la escuchemos, la atesoremos y le prestemos atención. Se siente de lo peor porque está tratando de decirnos algo importante que preferiríamos no escuchar; como con tanta frecuencia pasa con una buena amiga. Porque si le hacemos caso, nuestra vida será muchí-

---

[1] Søren Kierkegaard, *The Concept of Anxiety: A Simple Psychologically Oriented Deliberation in View of the Dogmatic Problem of Hereditary Sin*, traducción de Alastair Hannay (Nueva York: W. W. Norton, 2014), 189.

simo mejor que si hacemos lo que en realidad queremos hacer cuando la ansiedad pasa por nuestra casa a visitarnos: correr a escondernos.

¿Y eso qué tiene de malo? ¿Acaso la ansiedad no es un fracaso personal, una señal de que hay algo mal con nosotros y con nuestra vida, algo que arreglar y erradicar? No obstante, nadie en la historia de la humanidad ha logrado erradicar la ansiedad en ningún momento; gracias a Dios, porque ese hubiera sido un verdadero desastre.

Esta obra cuenta la historia de una emoción dolorosa y poderosa, terrible y graciosa, agotadora y energética, además de imperfecta. Es como la vida misma; es como los seres humanos: de hecho *es* ser humano. Si lees todo el libro, creo que cambiará la manera en que concibes la ansiedad. Es como la famosa ilusión óptica del florero de Rubin: si lo ves de una forma, ves un florero; pero si relajas la vista, de la nada surgen dos personas de perfil que se están mirando a través del espacio en forma de florero que los separa.

Hacer este cambio de paradigma, volver a tomar las riendas de la ansiedad como amiga y aliada, no es solo pasar por una serie de ejercicios e intervenciones. No es solo que yo te diga que la ansiedad es horrible, aunque de verdad que lo es de vez en cuando, y que te describa 20 cosas que puedas hacer para sentirte mejor. Tampoco es que te diga que glorifiques la ansiedad o que creas que siempre la necesitas para ser productivo, creativo o para desempeñarte a tu máximo nivel, porque no es así. Más bien es crear una nueva mentalidad relacionada con la ansiedad; un conjunto fresco de creencias, percepciones y expectativas que te permitan explorar tu ansiedad, aprender de ella y usarla mejor en beneficio propio. Lograr una nueva mentalidad *no* solucionará la ansiedad en sí; porque la emoción de la ansiedad no tiene nada de malo; lo que está mal es el modo en que lidiamos con la ansiedad. Crear una nueva mentalidad es la mejor, y la única manera, en que podemos reparar ese problema. Y el único propósito de este libro.

De verdad espero que san Søren lo apruebe.

PARTE I

LA RAZÓN POR LA QUE NECESITAMOS LA ANSIEDAD

LO QUE LA ANSIEDAD ES
(Y LO QUE NO ES)

EL DOCTOR SCOTT PARAZYNSKI y sus compañeros de tripulación del transbordador espacial estaban volando a 281 575 kilómetros por hora para poder salir de la atmósfera terrestre. Su destino era la Estación Espacial Internacional, un centro de experimentación científica, un paso hacia la exploración del sistema solar y la estructura de mayor tamaño que la humanidad jamás haya colocado en el espacio. Para muchas personas, la EEI representa la cima del logro humano.

Para cuando se llevó a cabo esta misión, en 2007, Scott ya era veterano de cuatro vuelos en el transbordador espacial y de diversas actividades extravehiculares —caminatas espaciales— en órbita. Después de retirarse de la NASA se convirtió en la primera persona en haber viajado al espacio y también en haber llegado a la cima del monte Everest. Estamos hablando de una persona que se siente cómoda con el peligro. Sin embargo, esta misión conllevaba una carga adicional de importancia. La habían aplazado tres años después del desastre del trasbordador espacial *Columbia*, en el que la nave se desintegró al reingresar a la atmósfera, matando a los siete miembros de su tripulación.

Sin embargo, para Scott y su equipo la misión bien valía el peligro potencial. Tenían que entregar e instalar un componente esencial de la EEI que conectaría y unificaría a los laboratorios espaciales de Estados Unidos, Europa y Japón dentro de la estación, ofreciéndoles mayor energía y apoyo vital, además de que expandiría su tamaño y capacidades de manera significativa.

Después de una semana de instalaciones nuevas y de reparaciones de rutina, las cosas tomaron un camino inesperado. Scott y uno de los miembros de la tripulación acababan de instalar dos gigantescos paneles de celdas solares para la generación de electricidad. Al abrirlos y extenderlos por primera vez, se atoró un cable guía que ocasionó dos grandes roturas en los paneles. Era un problema muy grave porque el daño estaba impidiendo que los paneles se desplegaran por completo y que generaran la electricidad suficiente para hacer lo que debían.

Para que Scott reparara las celdas rotas, el equipo tendría que apresurarse a ensamblar una atadura excepcionalmente larga que fijaría a Scott al final de un aguilón y que lo conectaría, por los pies, al extremo del brazo robótico de la EEI. Colgado del aguilón, le llevó 45 minutos moverse los 6.85 metros de longitud del ala de celdas solares para llegar a los paneles dañados. Sus capacidades como cirujano fueron esenciales mientras se dedicó con el máximo cuidado a cortar el alambre guía atorado e instalaba estabilizadores para reforzar la estructura.

Después de siete horas de horror, la misión resultó ser un éxito rotundo. La tripulación de la EEI y el equipo en la

Tierra prorrumpieron en vivas cuando los paneles repara-
dos se extendieron con éxito a su máxima longitud. Una
fotografía de Scott mientras parecía volar sobre la brillante
ala solar anaranjada es una imagen icónica de la intrépida
exploración en el espacio. Se dice que su logro inspiró la
mortalmente peligrosa reparación de la nave espacial que
se muestra en la película *Gravity*.

Casi ocho años después de su celebrada hazaña, tuve el
inmenso placer de hablar con Scott sobre un escenario durante el programa *Brainwave* del Museo de Arte Rubin en la
ciudad de Nueva York. Rubio, alto y fuerte, tiene el aspecto
del clásico héroe estadounidense de la década de 1950.
Y se comporta justo de la misma manera, con su generosa
sonrisa y humildad sincera.

Le pregunté a Scott cómo es que se mantuvo tranquilo
ese día, con nada más que su traje espacial entre él y el
vacío absoluto; con el destino de la misión sobre sus hombros, ¿cuál fue el secreto de su éxito?

¿Su respuesta? La ansiedad.

ANSIEDAD Y TEMOR

Es casi seguro que no tenga que decirte lo que es la ansiedad.

Es una emoción fundamentalmente humana, nuestra compañera desde que el *Homo sapiens* empezó a caminar ergui-
do. La ansiedad activa nuestro sistema nervioso, nos hace
sentir inquietos y exaltados, con mariposas en el estómago,
el corazón a todo lo que da y nuestros pensamientos viajando

a mil por hora. La palabra, que se deriva de las palabras latinas y griegas «atragantarse», «apretar de manera dolorosa» e «inquietud», sugiere no solo que es desagradable, sino también que se trata de una combinación de lo físico y lo emocional; un nudo en la garganta, el cuerpo paralizado por el temor, la mente congelada en la indecisión. No fue sino hasta el siglo XVII que la palabra se usara de forma común en inglés para describir la variedad de pensamientos y sentimientos que hoy en día reconocemos como ansiedad: preocupación, zozobra, angustia y nerviosismo acerca de situaciones con un resultado incierto.

A menudo sabes la razón por la que estás experimentando ansiedad: tu doctor te llama para decir que quiere programar una biopsia. Estás a punto de salir a escena para dar un discurso frente a un grupo de 500 desconocidos. Abres un sobre en el que el fisco te informa que están a punto de auditar tu declaración de impuestos. En otras ocasiones, la ansiedad es más esquiva, sin ninguna causa o núcleo evidente. Como una alarma persistente y enloquecida, esta ansiedad libre flotante nos dice que algo está mal, pero no podemos encontrar la fuente del ruido perpetuo.

Sea general o específica, la ansiedad es lo que sentimos cuando algo malo *podría* suceder, pero todavía no pasa. Tiene dos ingredientes esenciales: sensaciones corporales (inquietud, tensión, agitación) y pensamientos (aprehensión, zozobra, preocupación de que el peligro podría estar demasiado cerca). Junta los dos y podremos ver por qué el atragantamiento le dio su nombre a la ansiedad. «¿A dónde debería ir, qué debería hacer? ¿Será peor que dé vuelta a la izquierda o a la derecha? Quizás lo mejor sea que me aísle y desaparezca por completo».

La ansiedad se experimenta no solo como una sensación que afecta al cuerpo, sino también la calidad de nuestros pensamientos. Cuando estamos ansiosos, la atención se estrecha, nos enfocamos más y prestamos mayor atención a los detalles; tendemos a ver los árboles y no el bosque. Las emociones positivas hacen lo contrario: amplían nuestra atención, de modo que comprendemos el meollo de una situación más que sus pormenores. La ansiedad también tiende a hacer que la mente empiece a correr, preocupándonos y preparándonos para las posibilidades negativas.

Aunque es común que la zozobra domine la experiencia de la ansiedad, también nos sentimos ansiosos cuando queremos algo. Me siento ansiosa por abordar el avión que me llevará a mi muy ansiada vacación de playa y ¡más vale que no se atraviesen demoras inesperadas ni lluvia en mi camino! Este tipo de ansiedad es un estremecimiento de emoción ante un futuro deseado. Sin embargo, *no* me siento ansiosa de dirigirme a la fiesta navideña anual, que sin duda estará plagada con el habitual reparto de personajes que beberán más de lo debido. Ya sé a la perfección que me la voy a pasar mal, pero sea que la ansiedad se deba a la zozobra o a la emoción, nos sentimos ansiosos solo cuando anticipamos y nos importa lo que pudiera venir a futuro.

Entonces, ¿cómo es que la ansiedad es diferente del temor? Es frecuente que utilicemos ambas palabras indistintamente, dado que las dos inspiran intranquilidad y disparan respuestas de «lucha o huida»: una descarga de adrenalina, el corazón acelerado y la respiración agitada. Tanto la ansiedad como el temor catapultan a la mente a estados parecidos: atención de láser, orientación a los detalles y disposición a reaccionar. El cerebro está listo y el cuerpo está preparado para entrar en acción de inmediato; pero de todos modos existe una diferencia.

Hace poco estaba hurgando en una vieja caja almacenada en el ático. Mi mano tocó algo caliente y peludo que se movió. Brinqué hacia atrás más rápido de lo que imaginé que fuera posible y empujé la caja lejos de mí. Las investigaciones acerca de la respuesta de sobresalto humana indican que me tardé solo un par de milisegundos en reaccionar. Mi corazón estaba acelerado, empecé a sudar y, sin duda, estaba mucho más despierta y alerta de lo que había estado unos segundos antes. Resultó que la criatura dentro de la caja era un ratoncito de campo.

Mi respuesta ante esto fue temor.

Ahora bien, no les tengo miedo a los roedores. Creo que los ratones de campo son adorables y que forman una parte importante de nuestro ecosistema. Sin embargo, a mi respuesta de temor no le importó que nunca espero que los ratones me muerdan. Al temor poco le importó discutir los méritos o lo adorables que son los ratoncitos de campo y si de verdad era necesario que saltara hacia atrás con tanta velocidad. Y todo eso es algo bueno, porque mi respuesta automática habría sido de gran utilidad si la criatura en la caja hubiese sido un escorpión; alejar mi mano de la misma manera refleja después de tocar una tetera de agua hirviendo es lo que me protege de quemarme aún más.

Mi temor fue reflejo, de forma muy parecida a como lo fue para la ratoncita cuando salió volando de la caja y se quedó congelada en la esquina para evitar que la detectara. En ningún momento me sentí ansiosa acerca de un futuro incierto, como tampoco lo sintió la ratoncita. Sin duda, había un peligro presente y las dos actuamos en automático y rápido para lidiar con este (aunque después presté atención a mi ansiedad acerca de la posibilidad de dejar un roedor libre en la casa, por lo que la reubiqué en un campo cercano).

Por supuesto, la vida emocional humana es mucho más compleja que los reflejos de temor, enojo, tristeza, felicidad y asco. La ciencia de la emoción identifica a estas últimas como emociones básicas o primarias. Por lo general se considera que son de origen biológico y que se expresan de manera universal. Los animales comparten todas estas emociones con nosotros; así de fundamentales son ciertos sentimientos.

Aparte, están las emociones complejas, que incluyen el duelo, el arrepentimiento, la vergüenza, el odio... y la ansiedad. Las emociones básicas son los componentes esenciales a partir de los que se forman las emociones más complejas, que trascienden al instinto; son menos automáticas y más sujetas a que las resolvamos por medio de nuestro razonamiento. Quizás me sienta ansiosa la siguiente vez que meta la mano en una caja en el ático y me pregunte si volveré a toparme con un amiguito peludo, pero también puedo tranquilizarme diciéndome que no es tan factible que suceda. Es probable que los animales no experimenten emociones complejas, como la ansiedad, del modo en que lo hacen los seres humanos; mi amiga la ratoncita no tiene la capacidad para imaginarse vívidamente un futuro en el que, sin aviso alguno, aparezca un par de manos gigantes que la saquen de su nidito seguro. Si fuera capaz de hacerlo, eso la convertiría en la Jean-Paul Sartre de los ratones y se estaría quejando de que el infierno está formado por los demás ratones al tiempo que se estaría encerrando en una caja solitaria para lidiar con su angustia existencial en la espera del descenso de la siguiente mano. Sea cual sea el caso, lo que podemos saber a ciencia cierta es que habrá aprendido, a través de su encuentro conmigo, a *temerles* a las manos si es que llega a verlas de nuevo y su temor desaparecerá una vez que logre escapar a una esquina cálida y segura.

El temor es la respuesta inmediata e ineludible a un peligro real en el momento presente, que finaliza una vez que la amenaza se acaba. La ansiedad es una aprehensión acerca del futuro incierto e imaginado y la vigilancia que nos mantiene en alerta. Sucede en los espacios intermedios; entre que aprendemos que algo malo podría suceder y su llegada; entre el momento en que hacemos planes y nos vemos indefensos para tomar medidas verdaderas, como luchar o huir, como lo hacen los animales, para escapar del peligro. Lo único que puedo hacer es esperar a que me entreguen los resultados de mi biopsia, averiguar si el auditor del fisco encontró alguna irregularidad en mi contabilidad o escuchar si mi discurso es seguido de una ovación atronadora o de uno que otro aplauso aislado. La ansiedad existe porque sabemos que nos estamos viendo atraídos de manera lenta e inexorable hacia un futuro que tiene el potencial de ser infeliz o de ser feliz, y esa es la incertidumbre que hace que la ansiedad sea difícil de tolerar.

EL ESPECTRO

La ansiedad cotidiana no es nada por lo cual sorprenderse; todos experimentamos preocupaciones, inquietudes e, incluso, momentos ocasionales de pánico. Sin embargo, la ansiedad no es una situación binaria, como un interruptor de luz que está apagado o prendido. En lugar de eso, imagina un atenuador que sube y baja la intensidad de la iluminación, a veces a gran velocidad y a veces de forma apenas perceptible. La ansiedad de bajo nivel está presente en nuestra vida con tanta frecuencia, como el aire que respiramos, que quizás ni siquiera la notemos. Sucede cuando abrimos la puerta para conocer a nuestro nuevo jefe o cuando miramos por la ventana y vemos que empieza a caer nieve mientras nos preparamos para emprender el camino a casa; de repente, estamos prestándole gran atención a algo que en realidad preferiríamos no tener que contemplar, pero el sentimiento no dura más que uno o dos minutos a lo más. Una vez que conozco al nuevo jefe, en el instante en que tengo una idea de qué tipo de persona es, mi ansiedad se verá reducida. Cuando empiece a conducir a casa y vea que las calles todavía están limpias, mis preocupaciones se disiparán. Una vez que tenemos una idea de la manera en que resultarán las cosas, nuestra ansiedad ligera desaparece como la neblina de la mañana ante el calor del sol.

A medida que subimos por la escala de izquierda a derecha, los sentimientos de ansiedad aumentan, la atención se convierte en visión de túnel y las preocupaciones se fortalecen de verdad. Hablemos de ese mal prehistórico, el temor a la oscuridad. En realidad no es temor; es ansiedad. A diferencia de los animales nocturnos, los humanos respondemos a la oscuridad con aprehensión acerca de los peligros invisibles que *podrían* estar esperándonos. La búsqueda de la luz en la oscuridad es una de las metáforas más básicas en la historia de la humanidad. Incluso en la prehistoria, podríamos imaginarnos las luces nocturnas —¿quizás en la forma de pequeñas fogatas?—, sin duda eran de enorme valor por la ansiedad que experimentamos acerca de los peligros que nos acechan desde la oscuridad.

Mientras seguimos moviéndonos a lo largo del espectro, una de las formas más comunes de la ansiedad moderada es del tipo social; el temor al juicio y valoraciones negativas de los demás. ¿Qué pensará el público de mi discurso? ¿Me irá bien en mi evaluación laboral? ¿La gente se reirá de la manera ridícula en que bailo? Incluso cuando tenemos confianza en nuestras capacidades, muchos de nosotros nos sentimos nerviosos antes de salir a escena. En ocasiones, cuando miramos hacia el público, lo único que podemos ver es a ese tipo que se está quedando dormido en la fila de atrás. Ni siquiera nos percatamos de que todos los demás nos están sonriendo y asintiendo con gran aprecio.

En cuestión de horas, o de minutos, podemos pasar de sentir una ligera preocupación, para subir a una zozobra de alta intensidad antes de volver a bajar por la escala hasta que alcanzamos una sensación de alivio o de calma casi zen. Aunque la ansiedad elevada puede sentirse como una pérdida de control, no sigue siendo más que un punto en un espectro, de modo que, por lo general, podemos darle la vuelta para regresar a nuestra zona de confort.

Eso se debe a que la ansiedad misma, la preocupación, la zozobra y el nerviosismo; la angustia por la incertidumbre, incluso ese pánico generalizado, no son el problema. El problema es que los pensamientos y comportamientos que utilizamos para manejar la ansiedad pueden empeorarla. Cuando esto sucede, es más que frecuente que la ansiedad nos conduzca por el camino que lleva a los trastornos de ansiedad. Pero las dos cosas, la ansiedad y los trastornos de ansiedad, no son lo mismo.

La distinción esencial entre la ansiedad y los trastornos de ansiedad se denomina *deterioro funcional*; en pocas palabras, el momento en que la ansiedad nos impide vivir nuestra vida. La emoción de la ansiedad fluctúa, en ocasiones de manera apenas perceptible y en otras muy angustiosa. Sin embargo, el trastorno, por definición, implica más que una angustia temporal. Para la persona que padece un trastorno de ansiedad, estos sentimientos pueden durar semanas, meses o, incluso años y tienden a empeorar con el paso del tiempo. Y, más importante, estos sentimientos a menudo interfieren con la búsqueda de las cosas que más atesoramos, como la vida en nuestro hogar, el trabajo y el tiempo con amigos. Este deterioro continuo de nuestras actividades cotidianas y de nuestro bienestar es el prerrequisito de los trastornos de ansiedad.

Por ejemplo, hablemos de Nina; a sus 30, se ha forjado una carrera como fotógrafa y cubre bodas, además de hacer retratos. Desde hace tiempo, sabe que se siente más cómoda mirando a las personas que cuando la miran a ella y que prefiere estar detrás de las cámaras que frente a estas. Sin embargo, en épocas recientes su timidez natural se ha vuelto más difícil de manejar y le ha impedido conseguir clientes nuevos. Está empezando a creer que el mundo la ve como torpe, temblorosa, sudorosa y estúpida; y se pregunta si todo eso es cierto. Cuando a causa de lo anterior empezó a no presentarse a trabajar y a sufrir en términos financieros por esto, decidió entrar a terapia. Como parte de su tratamiento, su terapeuta le pidió que participara en un experimento, el cual grabarían en video.

Primero, Nina haría como si su terapeuta fuera un cliente potencial en busca de un fotógrafo para su boda. Hablaría con la mujer del mismo modo en que lo haría con cualquier cliente nuevo. Durante la conversación también haría, conscientemente, las cosas que por lo general hace durante las entrevistas para manejar su ansiedad: bajar la mirada y evitar el contacto visual, aferrándose con fuerza a su cámara o a algún otro objeto para evitar ponerse a temblar.

Después, Nina y su terapeuta volverían a representar la entrevista, pero con un cambio esencial: en lugar de mirar hacia abajo, Nina haría contacto visual de manera consistente y colocaría las manos en su regazo en lugar de aferrarse a algo con fuerza.

Antes de iniciar el experimento, la terapeuta de Nina le pidió que, en una escala de cero a 100, le dijera lo mucho que pensaba que temblaría. Nina indicó que 90. ¿Qué tan sudorosa parecería y qué tan estúpida? De nuevo, Nina aseveró que, sin duda, sería 90 en ambos casos. Anticipó que parecería un verdadero desastre de nerviosismo, alguien a quien nadie querría contratar para documentar un día especial.

Después de actuar las dos versiones de la conversación y de ver las grabaciones, la terapeuta le preguntó a Nina: en una escala de cero a 100 ¿cuál era su aspecto real en cámara; se veía tan temblorosa, sudorosa y estúpida como había anticipado? A Nina le sorprendió ver que aunque sí parecía estar nerviosa durante la primera parte del experimento, no tembló en absoluto, ni pareció sudorosa; de hecho, sonaba bastante normal. Quizás no como una persona brillante, pero para nada estúpida. Cuando Nina miró la segunda parte del experimento, en la que hizo contacto visual y no se aferró a su cámara, no pudo más que notar que, de repente, parecía ser toda una profesional de lo más confiada. Sonrió, habló de manera elocuente y ofreció buenas ideas y sugerencias.

No era que Nina no se sintiera nerviosa; lo estaba. Sin embargo, una vez que dejó de actuar como un manojo de nervios al alejar la mirada y aferrarse a su cámara como si su vida dependiera de ello, se sintió mucho más tranquila. Y eso se debió a que dejó de depender de las formas de afrontamiento que, sin querer, estaban empeorando su ansiedad.

Si cambiar un par de conductas y percepciones de veras puede ayudar a mejorar la ansiedad dolorosa e incluso incapacitante, ¿cómo es que los trastornos de ansiedad son el problema de salud mental más común en la actualidad? ¿Por qué parece que están aumentando con tal velocidad que se están convirtiendo en la crisis de salud pública de nuestra era?

Si eso te parece una exageración, considera las estadísticas. Un importante estudio epidemiológico que se llevó a cabo en Harvard por medio de una combinación de entrevistas diagnósticas y evaluaciones de deterioro de vida mostró que casi 20% de los adultos en Estados Unidos, más de 60 millones de personas, sufren de algún trastorno de ansiedad año con año.[1] Y año con año, alrededor de 17 millones de personas sufren de depresión, el segundo problema de salud mental más común; además, casi la mitad de estos pacientes también tiene un diagnóstico de trastorno de ansiedad. A lo largo de su vida, la cifra de estadounidenses que sufrirán de uno o más trastornos de ansiedad aumenta a un escandaloso 31%; más de 100 millones de nosotros, incluyendo adolescentes y niños.[2] Muchos buscan terapia, pero menos de la mitad exhibe un cambio duradero, incluso cuando reciben tratamientos de referencia, como la terapia cognitivo-conductual. Las mujeres se ven afectadas desproporcionadamente; casi el doble de mujeres recibirá un diagnóstico de trastorno de ansiedad a lo largo de su vida.

---

[1] Ronald C. Kessler y Philip S. Wang, «The Descriptive Epidemiology of Commonly Occurring Mental Disorders in the United States», *Annual Review of Public Health 29*, núm. 1 (2008): 115-129, doi:10.1146/annurev.publhealth.29.020907.090847.

[2] «Mental Illness», National Institute of Mental Health, https://www.nimh.nih.gov/health/statistics/mental-illness.

En Estados Unidos se diagnostican nueve distintos trastornos de ansiedad,[3] sin incluir trastornos relacionados con algún trauma, como el trastorno por estrés postraumático (TEPT) y el trastorno obsesivo-compulsivo (TOC). Algunos trastornos de ansiedad, como las fobias, implican, más que otra cosa, la evitación de objetos y situaciones a las que se les teme, como la hematofobia, el temor a la sangre, y la claustrofobia, el temor a los espacios cerrados. Otros tipos de trastorno de ansiedad incluyen señales corporales intensas de temor, como en los ataques de pánico, donde el inicio repentino de temblores, sudoración, falta de aire, dolores de pecho y una sensación de catástrofe inminente imitan lo que muchos de nosotros pensamos que se siente experimentar un ataque cardiaco. En otros tipos, como en el trastorno de ansiedad generalizada (TAG), las preocupaciones consumen nuestro tiempo y atención, haciendo que las personas eviten las situaciones que solían disfrutar y dificultándoles la posibilidad de centrarse y de llevar a cabo sus trabajos.

Imagina la experiencia de Kabir, quien empezó a mostrar los primeros signos de ansiedad intensa a los 15 años. Al principio, solo temía tener que hablar en clase. Días antes de que tuviera que dar alguna presentación se preocupaba constantemente, no dormía y se negaba a comer. Se preocupaba al grado de enfermarse. A causa de ello, con el paso del tiempo empezó a faltar más y más a clases, por lo que sus calificaciones comenzaron a bajar. Pronto, esta preocupación extrema y constante empezó a presentarse incluso en

---

[3] *Diagnostic and Statistical Manual of Mental Disorders (DSM-5)* (Arlington, VA: American Psychiatric Association, 2017).

situaciones fuera de la escuela, como cuando lo invitaban a alguna fiesta o cuando tenía programado algún concurso de natación. Después de unos meses dejó de hacer ambas cosas y dio fin a todas las amistades nuevas que había hecho. Para el final del año experimentaba ataques de pánico a gran escala, con palpitaciones y sensaciones de sofocación tan extremas que quedaba convencido de que le estaba dando un infarto.

En términos diagnósticos, Kabir pasó de sentirse muy ansioso, a desarrollar ansiedad social, TAG y trastorno de pánico. Cualesquiera que hayan sido las etiquetas, se le diagnosticó no porque sintiera una ansiedad y preocupación intensas, sino porque ya no podía ir a la escuela, participar en actividades y conservar a sus amigos; su modo de lidiar con sus preocupaciones y ansiedad interfería con su capacidad para vivir su vida.

El problema esencial para las personas a las que diagnostican con un trastorno de ansiedad no es solo que experimentan una ansiedad extrema, es que las herramientas que tienen a su disposición para reducir tales sentimientos no están resultando eficaces, como fue el caso de Kabir, que lidiaba con su ansiedad por medio de comer y de dormir mal, de faltar a la escuela, de abandonar actividades deportivas y aislándose de sus amigos. Estos intentos de solución sirven solo para evitar o suprimir la ansiedad, pero terminan por empeorarla. En otras palabras, aunque la ansiedad es una emoción útil en términos fundamentales, los síntomas de los trastornos de ansiedad son menos que inútiles; interfieren con nuestra vida de manera activa.

De modo que no es que estemos en medio de una crisis de ansiedad de salud pública; estamos en crisis en cuanto a la forma en que lidiamos con la ansiedad.

Piensa en la ansiedad como si se tratara de un detector de humo que nos advierte que la casa se está incendiando. ¿Qué pasaría si en lugar de salir corriendo de la casa y hablar al departamento de bomberos ignoráramos la señal del detector, le quitáramos las pilas o evitáramos los sitios de la casa donde más se escucha la alarma de este? En lugar de prestarle atención a la información crítica que nos está brindando el detector —¡donde hay humo es posible que haya fuego!— imaginamos que no existe. De modo que en lugar de beneficiarnos de la alarma que emite y de apagar el incendio, esperamos y rezamos porque la casa no se queme por completo. Esto no significa que siempre sea fácil hacerle caso a la ansiedad. La ansiedad intensa y duradera puede superar nuestra capacidad para percibir la información útil que podría darnos. O, por el contrario, no la escuchamos porque decidimos que el único modo de lograr hacer las cosas que tenemos que hacer en la vida es sufrir las periódicas descargas de adrenalina incitadas por la ansiedad. Sin embargo, cuando creemos que vale la pena escuchar a nuestra ansiedad, cuando la investigamos en lugar de maldecirla, rompemos con estos ciclos enfermizos y logramos darnos cuenta de que algunas de las maneras de responder a la ansiedad reducen su magnitud dentro del continuo, mientras que otras formas de responder, en especial ignorarla, la elevan a niveles inmanejables. Antes de siquiera darnos cuenta de ello, la casa *de verdad* se está quemando.

Claro que no solo son las dificultades con su manejo que conducen a la ansiedad debilitante. En muchos casos las experiencias crónicas y prolongadas de estrés y adversidad representan un papel enorme. Hay veces en que la vida simplemente no nos deja en paz y cualquiera que estuviera en una situación así experimentaría una ansiedad intensa y abrumadora. Pero decir que estamos en medio de una crisis en cuanto al manejo de la ansiedad no invalida ese hecho, porque sin importar cuál sea la causa, poder lidiar con la ansiedad de manera diferente es parte de la solución. Y escuchar a nuestra ansiedad, creer que puede haber algo de sabiduría en lo que nos está diciendo, es el primer paso para encontrar esa solución.

Creer que podría valer la pena escuchar a nuestra ansiedad puede ser más fácil de lo que pensamos. Imagina que estás contendiendo por la presidencia de una organización política. Tu tarea es dar un discurso de campaña. Tienes tres minutos para preparar tus comentarios, después de lo cual tendrás que dar un discurso de tres minutos. Estarás hablando frente a un panel de jueces y tu presentación se grabará en video para después compararse con los videos de las charlas de los demás candidatos.

Si tienes un diagnóstico de ansiedad social, vives en temor constante del modo en que te juzgan los demás. Ya de por sí te juzgas con dureza; incluso, tratar de pensar en tus cualidades te incomoda, así que la totalidad de este experimento te parece una tortura.

Mientras los jueces te miran, no dejan de fruncir el ceño, cruzar los brazos, sacudir la cabeza y darte otras señales desalentadoras de retroalimentación no verbal. Después de lo que parece una eternidad, terminas de dar tu discurso. No queda duda de que te acabas de ganar un descanso, pero tus problemas aún no terminan.

Ahora te indican que debes resolver un difícil problema matemático frente al mismo grupo de jueces; debes contar hacia atrás, en voz alta, desde 1999, en decrementos de 13, lo más rápido que puedas. Cada que te detienes, los evaluadores te dicen: «Está contando demasiado lento; por favor, acelere el paso. Todavía le queda algo de tiempo. Continúe». Y cada vez que te equivocas, alguien te dice: «Eso es incorrecto. Por favor, vuelva a empezar de 1999». Incluso los que más confianza tenemos en nuestras habilidades numéricas nos sentiríamos desconcertados.

En realidad, esta sesión de tortura en miniatura es una famosa tarea de investigación que se llama la Prueba de estrés social de Trier o TSST, por sus siglas en inglés.[4] El experimento se desarrolló hace más de 40 años; crea estrés y ansiedad en casi todas las personas, pero es una experiencia particularmente dolorosa si tienes problemas de ansiedad social; tu corazón empezará a latir con fuerza, respirarás con mayor velocidad, sentirás mariposas en el estómago y empezarás a trastabillar cuando hables. Sería razonable suponer que estas señales muestran que no estás lidiando con el reto de manera muy adecuada que digamos.

---

[4] Clemens Kirschbaum, Karl-Martin Pirke y Dirk H. Hellhammer, «The "Trier Social Stress Test" —a Tool for Investigating Psychobiological Stress Responses in a Laboratory Setting», *Neuropsychobiology* 28, núms. 1-2 (1993): 76-81, doi:10.1159/000119004.

Pero ¿qué pasaría si antes de que hicieras la TSST te enseñaran a anticipar tus respuestas de ansiedad y alguien te dijera que, en realidad, son señales de que estás energizado y listo para enfrentarte el reto venidero? Se te informa que la ansiedad evolucionó para ayudar a nuestros antepasados a sobrevivir al aumentar el flujo sanguíneo y la oxigenación a los músculos, órganos y cerebro para que pudieran trabajar a su máxima capacidad. Y, solo en caso de que no estés del todo convencido, lees unos cuantos impresionantes estudios científicos que documentan las pruebas de los diversos aspectos positivos de la ansiedad.

Si hubieras sabido todo esto antes de someterte a la temida TSST, ¿habría hecho alguna diferencia en la manera en que lidiaras con ella?

En 2013 algunos investigadores de Harvard respondieron esa pregunta.[5] Su trabajo mostró que si los participantes con ansiedad social recibían una lección acerca de los beneficios de la ansiedad, informaban que se sentían menos ansiosos y más confiados. Las diferencias en sus respuestas fisiológicas a la ansiedad fueron todavía más notables. Por lo común, cuando experimentamos una ansiedad elevada, junto con altos niveles de estrés, aumenta la frecuencia cardiaca y se contraen los vasos sanguíneos. Sin embargo, una vez que los participantes de la investigación percibieron sus reacciones corporales como benéficas, sus vasos sanguíneos

[5] Jeremy P. Jamieson, Matthew K. Nock y Wendy Berry Mendes, «Changing the Conceptualization of Stress in Social Anxiety Disorder», *Clinical Psychological Science 1*, núm. 4 (2013): 363-374, doi:10.1177/21 67702613482119.

se mostraron más relajados y su frecuencia cardiaca fue más regular. Su corazón de todos modos estaba latiendo con fuerza —la TSST produce ansiedad, sin importar lo que hagas antes—, pero sus patrones cardiacos fueron más parecidos a los patrones sanos cuando estamos centrados e involucrados, cuando nos enfrentamos a un reto con valentía.

Este estudio mostró que con solo cambiar lo que creemos acerca de la ansiedad, que es un beneficio más que una carga, el cuerpo hará lo mismo y lo creerá también.

El problema y la solución

En esta era de pandemia, polarización política y cambios climáticos catastróficos muchos de nosotros nos sentimos abrumados por sentimientos de ansiedad acerca del futuro. Para manejarlos, hemos aprendido a pensar en nuestras emociones como lo hacemos con cualquier otro mal: queremos prevenirlas, evitarlas y acabar con ellas a toda costa.

Ahora que los científicos se están centrando en la ansiedad más que nunca, ¿cómo puede ser que los esfuerzos de prevención y tratamiento de la ansiedad debilitante, o de los trastornos de ansiedad, no estén siguiéndoles el ritmo a los de diferentes enfermedades físicas? Es obvio que cientos de libros, miles de estudios científicos rigurosos y 30 tipos diferentes de medicamentos ansiolíticos no están sirviendo como deberían. ¿Cómo es que los profesionales de la salud mental están fracasando de manera tan espectacular?

La verdad es que todo esto está al revés. El problema no es la ansiedad; el problema es que nuestras creencias acerca de la ansiedad están evitando que supongamos que podemos manejarla e, incluso, usarla en beneficio propio; de la misma forma en que lo averiguaron los participantes del experimento de la TSST. Y en el momento en que nuestras creencias empeoran la ansiedad, nos vemos en mayor riesgo de transitar por el camino de la ansiedad debilitante e, incluso, de los trastornos de ansiedad.

Cuando Scott Parazynski salió al vacío del espacio, enfocado y decidido como nunca, fue su ansiedad la que lo previno para lo peor. Incluso antes de que iniciara la misión, le permitió estar en espera de algún momento peligroso que ni siquiera sabía de cierto que iría a suceder, pero sabía que era posible que se diera un mal desenlace, como también podía ser uno triunfal, de modo que se preparó durante meses, afinó sus habilidades y fortaleció la confianza que compartía con el resto de su equipo.

La ansiedad puede ser difícil, inquietante y, a veces, aterradora. Al mismo tiempo, puede ser un aliado, un beneficio y una fuente de ingenio. No obstante, para cambiar nuestra perspectiva, tendremos que desarticular y reconstruir nuestra narrativa de esta emoción. Esto requerirá de una travesía, desde los pasillos de la academia hasta los escenarios del mundo, desde los sermones medievales de los fuegos del infierno hasta la vida en confinamiento, del movimiento constante de los celulares a las mesas de cocina.

Si la ansiedad es así de fabulosa, ¿por qué se siente tan mal?

2

POR QUÉ EXISTE
LA ANSIEDAD

Estoy en mi coche, detenida frente al semáforo. Se pone en verde y empiezo a avanzar cuando, de repente, el conductor estacionado a mi izquierda se adelanta unos cuantos centímetros frente a mí, lo suficiente como para impedir que avance. Me pego al claxon, pero él se sigue moviendo, al igual que yo, hasta que llegamos al punto en que empiezo a preocuparme más por la pintura de mi auto que por el hecho de que el tipo se me haya adelantado. Cuando termina por seguir su camino frente a mí, le grito algunas palabras bien escogidas y le lanzo miradas mortales.

No solo me sentí algo molesta… estaba furiosa; incluso, ultrajada a nivel moral. Mi corazón latía con fuerza y podía sentir la sangre correr por mis venas, mi rostro congelado en una expresión de furia. Mi cuerpo zumbaba de energía, listo para entrar en acción, aunque la acción se limitara a mis gritos de enojo.

No me agradó la sensación que me produjeron estos cambios. Me estresaron y me avergonzó que no fuera capaz de trascender la situación. Sin embargo, mi enojo les puso fin a todas esas reflexiones intelectuales al hacer justo aquello para lo que la evolución lo diseñó: convertirme en una fiera.

Vale la pena señalar que el otro conductor no estaba haciendo ninguna gran diferencia en mi vida; no fue cuestión más que de una distancia de un coche adelante o atrás, pero a mis emociones instintivas les importó muchísimo. El enojo me preparó para actuar de manera contundente; *solo por si acaso.* Por suerte, los seres humanos solemos ser capaces de mitigar nuestras reacciones para que se adapten a las circunstancias; una capacidad que caracteriza a nuestra sociedad civilizada.

Casi por definición, la ansiedad y los demás sentimientos negativos, como el enojo, se sienten desagradables. Y es algo bueno que así sea.

Hace más de 150 años Charles Darwin llegó a la misma conclusión.

LA LÓGICA DE LA EMOCIÓN

A lo largo de la historia humana las emociones negativas se han hecho de una mala reputación: irracionales en el mejor de los casos y destructivas en el peor. Horacio, el antiguo poeta romano, escribió: «El enojo es una locura breve». Sin embargo, en apenas los últimos 150 años hemos llegado a conocer que las emociones como el temor, el enojo y la ansiedad no *solo* son peligrosas, sino que también pueden ser ventajosas. Las emociones son herramientas para nuestra supervivencia, forjadas y refinadas a lo largo de cientos de miles de años de evolución para protegernos y para garantizar que los seres humanos prosperemos, así como los demás animales. De hecho, desde la perspectiva de la teoría de la evolución, las emociones encarnan la lógica de la supervivencia.

Las primeras investigaciones de Darwin se centraron en la geología y en la extinción de los mamíferos gigantes, que llevó a cabo como joven aventurero encargado de tomar mediciones topográficas de la costa de Sudamérica a bordo del HMS *Beagle*. Sus trabajos de observación en las diversas regiones del inexplorado hemisferio sur lo convirtieron en una estrella de la comunidad científica y vieron nacer sus primeras ideas acerca de la evolución. Pero no sería sino hasta 40 años después, en *La expresión de las emociones en el hombre y en los animales*,[1] el tercero y último libro de su trilogía acerca de la teoría de la evolución, que habría de aplicar sus discernimientos al gran terreno incógnito de la mente humana: las emociones.

Ya había explicado los principios de la evolución en *El origen de las especies*[2] y había argumentado que humanos y primates compartíamos un ancestro común en *El origen del hombre*.[3] Ahora, en *La expresión de las emociones en el hombre y en los animales*, estudió las emociones como cualquier otro rasgo universal que podría encontrarse entre los animales: extremidades palmeadas, la forma de una cola, el color del pelaje o plumaje. Evolucionaban como adaptaciones venta-

---

[1] Charles Darwin, *The Expression of the Emotions in Man and Animals, Anniversary Edition*, 4a. ed. (Oxford, Reino Unido: Oxford University Press, 2009).

[2] *Ibid., On the Origin of Species*, vol. 5 de *The Evolution Debate, 1813--1870*, editado por David Knight (Londres: Routledge, 2003).

[3] *Ibid., The Descent of Man, and Selection in Relation to Sex*, vol. 22 de *The Works of Charles Darwin*, editado por Paul H. Barrett (Londres: Routledge, 1992).

josas ante las presiones ambientales a lo largo de periodos extensos. Se retenían y se heredaban a las generaciones futuras si beneficiaban a la especie. En otras palabras, contribuían a la supervivencia del más apto.

Las emociones satisfacen el criterio de ser adaptaciones ventajosas. Por ejemplo, consideremos a dos animales que se enfrentan en una batalla por el alimento. Mientras se preparan para entrar en combate, sea de manera figurada o literal, sus intensos sentimientos despiertan todo un repertorio de reacciones corporales. Cuando un animal arquea la espalda y eriza su pelaje parece más grande y más fuerte. Cuando muestra los dientes, frunce el ceño, hace ruidos feroces o agita su cornamenta le indica al otro animal que trabar batalla con un adversario así de fuerte podría no valer la pena. Estas señales —muestras de agresión— mejoran directamente las probabilidades de que el otro animal ceda, con lo que se evitará la violencia y se prevendrá la posibilidad de lesión o muerte. Enviar estas señales arquetípicas beneficia a la especie, como también lo hace la capacidad para interpretar estos mensajes. Es una manera de ganar-ganar.

Darwin argumentó que si las acciones conectadas con las emociones resultaban de utilidad, se repetirían y, a la larga, se convertirían en hábitos que podían heredarse a la descendencia. Llamó a esto el *principio de los hábitos útiles asociados* y señaló: «Es notable[4] lo poderosa que es la fuerza de los hábitos. Al paso del tiempo, los movimientos más complejos y difíciles pueden llevarse a cabo sin el menor esfuerzo o

---

[4] *Ibid.*, *The Expression of the Emotions in Man and Animals*, p. 29.

conciencia». Fue a través de la fuerza de los hábitos que primero evolucionaron las expresiones faciales asociadas con las emociones. Por ejemplo, el ceño fruncido del enojo evita que entre demasiada luz al interior de los ojos, una adaptación importante si se está en medio de una lucha y no es recomendable que la visión se vea obstaculizada. En contraste, levantar las cejas y abrir los ojos de manera exagerada aumenta el campo de visión, que es deseable al examinar los alrededores con temor. La nariz arrugada y la mueca de asco limitan el ingreso de sustancias potencialmente podridas o ponzoñosas. Estas reacciones resultaron útiles —funcionales— y, por ende, se llevaban a cabo siempre que surgían ciertas emociones.

En otras palabras, las acciones que se aprendieron por ensayo y error, y que condujeron al placer o a la evitación del dolor, se adoptaron para su uso futuro porque son benéficas y ayudan al individuo a sobrevivir. Esta idea representa la base misma de la ciencia conductual moderna, fuertemente influida por Darwin, llamada la *ley del efecto*: mientras más conduzca una acción a un desenlace positivo, más la llevaremos a cabo.

Estos repertorios de «sentimiento igual a acción» como «temor… ojos bien abiertos» y «pelea… mostrar fuerza» son adaptativos y útiles, pero también logran algo más: tienen efectos directos sobre el sistema nervioso. Por ejemplo, Darwin escribió: «Un hombre o un animal impulsado por el terror o la desesperación se verá provisto de una fuerza maravillosa y se sabe de lleno que es peligroso a un grado máximo».[5]

---

[5] *Ibid.*, p. 81.

Estos efectos suceden con suma velocidad y en automático, lo que los hace valiosos para promover la supervivencia. No requieren de tiempo ni de reflexión previa; ni siquiera de gran cantidad de energía, simplemente suceden. Y qué bueno que así sea, porque en menos de un segundo nos podemos proteger cuando, por decir algo, esquivamos un peligro de un salto al tiempo que abrimos los ojos lo más que podemos para absorber la mayor cantidad de información posible acerca de lo que está sucediendo a nuestro alrededor y así poder decidir cuál debe ser nuestro siguiente paso.

Otra más de las enormes ventajas de las emociones es que son señales sociales que comunican información esencial a otros individuos de nuestra misma especie o a otros miembros de nuestra tribu. De hecho, los humanos y los demás animales estamos preprogramados, en términos biológicos, para prestar atención a las emociones de nuestros compañeros sociales en cuanto a la forma en que reaccionan hacia nosotros, como cuando alguien nos contempla con amor y aprobación, a diferencia de cuando lo hace con enojo o decepción. Incluso los bebés humanos se congelan cuando observan temor en la cara de los adultos. Son capaces de intuir que hay algún peligro.

En un experimento clásico de la psicología, denominado «el precipicio visual»,[6] un bebé se sienta en un extremo de un puente hecho de acrílico transparente colocado a cerca de 1.2 metros de altura sobre el piso. Desde la perspectiva

---

[6] Joseph J. Campos, Alan Langer y Alice Krowitz, «Cardiac Responses on the Visual Cliff in Prelocomotor Human Infants», *Science* 170, núm. 3954 (1970): pp. 196-197, doi:10.1126/science.170.3954.196.

del bebé, el acrílico transparente es invisible; lo único que ve es una larga caída hacia el piso. Al otro lado de este puente invisible se encuentra la madre del bebé. Si le sonríe y le hace señas para que se acerque a ella, casi todos los bebés gatearán más allá de la orilla; es decir, sobre lo que a ellos les parece que es un vacío. Sin embargo, si la madre demuestra temor o inquietud, el bebé se quedará inmóvil.[7]

POR QUÉ LA ANSIEDAD TIENE QUE SENTIRSE MAL

Darwin causó un cambio de proporciones sísmicas en la manera en que comprendíamos el papel de las emociones en nuestra vida. Ahora, en lugar de que se les describa como irracionales y dañinas, las emociones, incluso aquellas que son negativas, se ven como adaptativas y útiles. El truco es dominarlas y poder utilizarlas como herramientas.

La teoría de las emociones funcionales[8] se fundamenta en esta premisa. Reduce a las emociones a dos partes dinámicas: evaluación y presteza a la acción. Esta idea es muy parecida a los repertorios de «sentimiento igual a acción» de Darwin y plantea que las emociones nos informan y mo-

---

[7] James F. Sorce *et al.*, «Maternal Emotional Signaling: Its Effect on the Visual Cliff Behavior of 1-Year-Olds», *Developmental Psychology* 21, núm. 1 (1985): pp. 195-200, doi:10.1037/0012-1649.21.1.195.

[8] Karen C. Barrett y Joseph J. Campos, «Perspectives on Emotional Development II: A Functionalist Approach to Emotions», en *Handbook of Infant Development*, 2a. ed., editado por Joy D. Osofsky (Nueva York: John Wiley & Sons, 1987), pp. 555-578; Dacher Keltner y James J. Gross, «Functional Accounts of Emotions», *Cognition & Emotion* 13, núm. 5 (1999): pp. 467-480, doi:10.1080/026999399379140.

tivan a hacer toda serie de cosas útiles, como superar obstáculos, construir comunidades fuertes e ir en busca de la seguridad.

El primer componente, la *evaluación*,[9] es nuestra percepción acerca de si una situación es deseable; es decir, si nos permite obtener lo que queremos o evitar lo que no queremos, ambas de las cuales se sienten bien. Esto suena de lo más egoísta y hedonista; pero desde una perspectiva evolutiva, perseguir aquello que se siente bien tiende a promover nuestro bienestar y supervivencia. Por ejemplo, mi casi cólera de la carretera implicó evaluar que el otro conductor estaba bloqueando mi capacidad para obtener lo que quería: avanzar y llegar a casa. Además, como percibí sus acciones como maleducadas e injustas, terminó por obstaculizar incluso mi deseo de vivir en un mundo civilizado lleno de personas consideradas.

Debemos tener en mente que es probable que la evolución de las emociones se haya llevado a cabo mucho antes de que los seres humanos hayamos desarrollado peligrosas sustancias adictivas y otras cosas tipo «se siente bien, pero es obvio que esto es malo para ti». En esos casos, el hedonismo no es un parámetro de tanta utilidad.

Debido a que las evaluaciones son interpretaciones de situaciones en relación con su pertinencia para nuestro bienestar, ofrecen información que determina directamente el segundo componente de la emoción, la *presteza a la acción*; nuestras respuestas reflejas que nos hacen actuar

---

[9] Nico H. Frijda, *The Emotions* (Cambridge, Reino Unido: Cambridge University Press, 2001).

de formas que nos ayuden a obtener lo que deseamos. De modo que cuando mis deseos se vieron contravenidos por el otro conductor, mi cara, mi cuerpo y mi mente se aceleraron. La sangre empezó a bombear más rápido por mis venas, mi atención se centró por completo y empecé a enviar señales faciales de «¡ni se te ocurra meterte conmigo!». Si el otro conductor hubiera titubeado siquiera un instante en su empeño por meterse delante de mí, lo hubiera pasado como un bólido. Si se hubiera bajado de su auto para gritarme, Dios nos libre, no me quedaba la más mínima duda de que yo, a pesar de mi poco más de metro y medio de estatura, me hubiera bajado de mi auto también, convencida de poder derrotarlo. Muy aparte de que esa habría sido una valoración precisa o algo inteligente que hacer —que no lo hubiera sido en absoluto— mi enojo me dio una posibilidad, aunque de lo más remota.

Desde una perspectiva funcional, la ansiedad es una emoción fascinante porque actúa muy parecido al temor, pero contiene cualidades de esperanza. Al igual que la esperanza, la ansiedad implica llevar a cabo una valoración acerca de un futuro incierto. A causa de ello, es una especie de campana de alerta de protección que dispara sensaciones de incomodidad y aprehensión acerca de la posibilidad de amenazas futuras. Sin embargo, también es una señal productiva que nos dice que existe una discrepancia entre el sitio en el que nos encontramos en este momento y aquel en el que esperamos estar, además de que se necesitará un esfuerzo para evitar las amenazas y alcanzar nuestras metas. Como resultado de eso, la ansiedad activa las tendencias de presteza a la acción para luchar o huir, al tiempo que nos impele a trabajar arduamente para lograr aquello que queremos, pero que aún no tenemos. Al igual que la esperanza, la ansiedad cultiva la resistencia, el aguante.

Cuando estamos con la espalda contra la pared, pocas emociones nos mantienen centrados en el futuro con tanta eficacia, energizándonos e impulsándonos para alcanzar nuestras metas, a pesar del agotamiento o de los obstáculos abrumadores.

La ansiedad funciona así de bien *no* porque se sienta fabuloso estar ansioso; sino todo lo contrario: funciona porque nos hace sentir muy mal. Nerviosos, preocupados, tensos. Haríamos casi cualquier cosa con tal de hacer que el sentimiento desapareciera. Esto es lo que se denomina *reforzamiento negativo*; evitar la sensación de ansiedad *es* la recompensa. La ansiedad nos impulsa a hacer cosas que nos protegen y que nos motivan hacia metas productivas que, a su vez, al reducir nuestros sentimientos de ansiedad, nos indican que nuestras acciones surtieron efecto. Eso hace que la ansiedad, con su propio sistema integrado de autodestrucción, sea uno de nuestros mejores mecanismos de supervivencia.

Si pensamos en la ansiedad, y en las demás emociones desagradables, solo como algo que debe ser aplastado y controlado, perderemos de vista que, en términos fundamentales, la ansiedad es información. Imagina que llevas un par de días lleno de una ansiedad libre flotante. Has estado tratando de ignorarla, de mantenerte en calma y seguir adelante, pero está a punto de agobiarte por completo. De modo que decides prestar atención a lo que tu ansiedad te está diciendo. Pasas por una especie de lista de verificación mental: ¿qué me ha estado molestando? ¿Es la pelea que tuve con mi marido? No, eso terminó por resolverse. ¿Será la fecha límite que me impusieron en el trabajo? No, eso está más que contemplado. ¿Será que mi acidez está empeorando y que llevo cinco días seguidos con dolor de estómago? Ahhh, *eso* es. ¡Claro!

Una vez que identificas la fuente de tu ansiedad, tienes información de utilidad y sabes qué acciones debes tomar. Después de que programas una cita con tu médico, tu ansiedad empieza a bajar de inmediato. Estás en el camino correcto. Después, cuando ves a tu doctor y te da un buen plan para resolver el problema, tu ansiedad desaparece. Misión cumplida; la ansiedad hizo su trabajo.

No obstante, si resultara que en realidad hay algo muy mal con tu salud tu ansiedad regresaría y te motivaría a tomar cualesquiera medidas adicionales necesarias para lidiar con la enfermedad. Sin la ansiedad, es posible que perdieras la oportunidad de sobrevivir y florecer.

De modo que la ansiedad *tiene que* sentirse mal y siempre debe tener al menos un toque desagradable para que atraiga nuestra atención, nos informe y nos motive a actuar, aunque sea con el único propósito de obtener algo de alivio de la ansiedad misma.

Eso no significa que la ansiedad siempre nos lleve a tomar medidas buenas y útiles. Podría conducirnos a un grado de obsesión poco sano. O, por el contrario, podríamos elegir ignorarla, procrastinar, automedicarnos o hacer otras cosas poco útiles creadas con el único propósito de acallar a la emoción. Sin embargo, si los seres humanos hubiésemos logrado asfixiar a la ansiedad a lo largo del curso de nuestra evolución, la pérdida de esta importante emoción podría haber resultado catastrófica.

Trata de imaginar a los seres humanos prehistóricos sin ansiedad, enfocados casi siempre en el presente, sin molestarse por preocuparse o soñar acerca del futuro, siempre y cuando tuvieran la panza llena y se sintieran físicamente cómodos. Sin ansiedad, es posible que nos hubiéramos extinguido como especie hace mucho tiempo. Sin duda, jamás nos habríamos convertido en animales capaces de avances científicos y técnicos, que han logrado viajar al espacio y crear obras de arte de belleza trascendental. ¿Por qué nos molestaríamos en hacerlo? Solo nos limitaríamos a tomarnos la vida un día a la vez, sin aprehensión, ni emoción, ni azoro, ni esperanza. En este sentido, la ansiedad emergió de los fuegos de la evolución que nos impulsaron hasta el pináculo de nuestra humanidad. Solo aquellos que pueden ver más allá del presente para pensar en el futuro pueden construir civilizaciones.

EL CEREBRO EMOCIONAL

La teoría de la evolución nos ayuda a explicar las razones por las que algunas emociones se comparten con la mayoría de los animales, mientras que otras parecen ser exclusivas de los seres humanos. Podemos detectar lo que parece ser temor en los ratones, identificar signos de pérdida y tristeza en elefantes, perros y primates, e interpretar enojo en la fiereza de los depredadores. Como escribió Darwin, citando *Enrique V* de Shakespeare:

> *Pero cuando el estallido de la guerra resuene en nuestros oídos,*
> *Imiten entonces las acciones del tigre:*
> *endurezcan los nervios, invoquen la sangre,*
> *y den a sus ojos un aspecto terrible;*
> *ahora, aprieten los dientes y abran bien las ventanas de la nariz.*[10]

En teoría, las emociones como el temor evolucionaron entre nuestros ancestros premamíferos. Su cerebro también contaba con las mismas estructuras responsables para detectar y responder a las amenazas que se ven implicadas en el temor humano. Lo mismo sucede en el caso de las respuestas emocionales de agresión y defensa que están vinculadas con áreas tales como el hipotálamo, que controla funciones corporales esenciales al activar al sistema neurológico responsable de la lucha-huida, el sistema nervioso simpático.

Por otro lado, es más probable que las emociones afiliativas tales como el amor hacia la descendencia hayan evolucionado para sustentar la supervivencia de los mamíferos, que requieren de cuidados extensos a lo largo de su indefensa lactancia (a diferencia de otros animales, como los reptiles y los anfibios, que abandonan a sus crías incluso antes de su nacimiento; o de las aves, que en muchas ocasiones empujan a sus polluelos del nido una vez que pueden

---

[10] Darwin, *The Expression of the Emotions in Man and Animals*, p. 240.

volar). Las emociones sociales más elaboradas, como la culpa y el orgullo, la ternura y la vergüenza, parecen haber evolucionado solo entre primates sociales: humanos y, quizás, chimpancés y grandes simios, dado que las emociones como estas, que nos mantienen comprometidos con nuestra tribu, son de utilidad para desanimar las conductas malas o sociopáticas.

Pensamos en el temor como una forma más antigua y primitiva de la ansiedad, enterrada en las estructuras cerebrales como la amígdala, que forma parte del sistema límbico o «emocional» del cerebro. Pero la amígdala, que en realidad son dos y cuyo nombre proviene del griego *amygdalē*, que significa «almendra» a causa de su forma, es mucho más que un centro del temor; es una especie de estación nodal que conecta las áreas sensorial, motora y de toma de decisiones del cerebro. La amígdala se activa cuando nos sentimos temerosos o ansiosos, pero también nos alerta ante la importancia, la novedad y la incertidumbre; ante cualquier cosa inusual que pudiera afectarnos. Cuando nos enfrentamos a algo nuevo o ambiguo, como en el caso de alguien que nos empieza a mirar con una expresión difícil de interpretar, la amígdala se activa. Esa es la razón por la que no solo está centrada en lo negativo; es el centro cerebral que nos ayuda a transitar entre el estira y afloja del temor y el deseo. Se considera parte central del sistema de recompensas del cerebro y moldea de manera poderosa lo que aprendemos y recordamos acerca de lo bueno y de lo malo, así como lo que decidimos hacer al respecto de ambos.

Un neurotransmisor esencial que subyace al sistema de recompensas, y de la ansiedad, es la dopamina. El trabajo de la dopamina es llevar y traer información del sistema de recompensas a otras áreas del cerebro que están involucradas en aspectos como la toma de decisiones, la memoria, el movimiento y la atención. A menudo se le describe como «la hormona del bienestar» porque se libera cuando la persona hace algo que le trae placer, como ingerir alimentos, consumir drogas, tener sexo o ver Instagram. Sin embargo, las descargas de dopamina no solo vienen después de algo gratificante: también se dan antes, lo que activa las áreas cerebrales que nos motivan a ir en busca de tales recompensas. Esa es la razón por la que aunque la dopamina en sí no nos produce placer de la misma forma en que lo hacen otras hormonas, como las endorfinas, está fuertemente involucrada en las adicciones.

En la actualidad los investigadores están descubriendo que no solo las cosas adictivas y placenteras detonan las descargas de dopamina; la ansiedad también lo hace. ¿Por qué? La ansiedad motiva a las personas a ir en busca de desenlaces buenos y gratificantes, y de evitar aquellos que sean malos y castigadores. Cuando se obtiene un desenlace positivo, hay una liberación de dopamina,[11] como también sucede cuando sentimos el alivio del decremento consecuente de ansiedad. El alivio de la dopamina señala ambos placeres y nos enseña que hacer algo respecto a la ansiedad es bueno, lo que nos motiva a seguir tomando acciones eficaces ante el aumento de la ansiedad.

---

[11] https://www.ncbi.nlm.nih.gov/pmc/articles/PMC3181681/.

La ansiedad integra los sistemas cerebrales límbicos del temor y de la recompensa con éxito, pero no sería ansiedad verdadera sin la contribución de la corteza cerebral, la capa externa del cerebro de más reciente evolución. Una parte de la corteza, la corteza prefrontal (CPF), se activa cuando invocamos las *funciones ejecutivas*, como la inhibición de acciones, el control de la atención, la memoria de trabajo y la toma de decisiones. Estas funciones se reclutan y activan constantemente durante las experiencias de ansiedad, con el fin de dirigir y regular cada faceta de nuestra respuesta emocional: las evaluaciones, las tendencias de presteza a la acción y la sensación de emoción. La amígdala también se comunica con las áreas del cerebro que nos permiten hacer uso de nuestros recuerdos y pensamientos para darle sentido a nuestra ansiedad y colocarla dentro del contexto de quiénes somos y de lo que nos importa; áreas tales como el hipocampo, que sustenta el aprendizaje y la memoria a largo plazo, y la ínsula, que está implicada en la conciencia y en la percepción de uno mismo.

En otras palabras, aunque la amígdala es un componente central del cerebro emocional, no existe dentro de un vacío: es un centro nodal interconectado dentro de una red de áreas cerebrales y de las capacidades que estas sustentan. Eso es lo que estamos diciendo cuando hablamos de una *red neural*. Las áreas de evolución más reciente del cerebro, como la CPF, regulan al cerebro límbico más antiguo, que incluye a la amígdala. La CPF es más lenta y deliberada, mientras que la amígdala es más rápida y automática en el momento en que transitamos por el mundo lleno de peligros, recompensas e incertidumbre; las cosas a las que debemos prestar atención si queremos sobrevivir.

Y eso es justo lo que sucede en el caso de la ansiedad; no solo surge del temor del cerebro automático, reflexivo y antiguo. Ni tampoco puede rastrearse de manera exclusiva a la corteza evolucionada, deliberada y cognitivamente sofisticada. Es la intersección y el equilibrio entre ambos.

ANSIEDAD Y LA BIOLOGÍA DE LAS AMENAZAS

Esencial para la neurociencia de la ansiedad es el cerebro defensivo,[12] una red coordinada de regiones que funcionan en conjunto para detectar amenazas reales o potenciales y que coordina nuestros esfuerzos para defendernos del peligro. Incluye áreas del cerebro que ya se discutieron antes, como la amígdala y la CPF, y estructuras tales como la sustancia gris central o periacueductal (SPAG), que ayuda a controlar los comportamientos automáticos de lucha/huida.

Esta red cerebral defensiva nos permite aprender y recordar información acerca de cualquier amenaza con rapidez y sin esfuerzo alguno. Si un perro te muerde en lunes, tus respuestas cerebrales defensivas se activarán con mayor velocidad cuando veas a ese perro, o a cualquier otro, el jueves. Estas respuestas nos ponen nerviosos y nos prepa-

---

[12] Joseph LeDoux y Nathaniel D. Daw, «Surviving Threats: Neural Circuit and Computational Implications of a New Taxonomy of Defensive Behaviour», *Nature Reviews Neuroscience* 19, núm. 5 (2018): pp. 269--282, doi:10.1038/nrn.2018.22.

ran para el potencial de una mordida nueva. También son la fundamentación para el aprendizaje: aprendemos a ser más cautos alrededor de los perros y a detectar señales que nos indiquen que podrían ser agresivos. Los beneficios son más que evidentes.

Sin embargo, esta ventaja defensiva puede convertirse en algo demasiado bueno. Cuando el temor a los perros se convierte en un trastorno de ansiedad —cinofobia— empezaremos a sobreestimar el peligro que representa cualquier perro. Si no podemos distinguir entre un encolerizado defensor de un patio industrial y un dulce cachorrito, nuestras señales de amenaza y seguridad se verán confundidas, como alambres cruzados. Exageraremos los peligros potenciales, estaremos en alerta constante y terminaremos por inspeccionar el entorno de forma exhaustiva en un intento por comprender la razón por la que nuestras alarmas internas no dejan de sonar.

Cuando esto sucede, puede desarrollarse algo que los psicólogos llaman *sesgo de amenaza*.[13] Esto se refiere al hábito inconsciente de ver al mundo a través de una lente de negatividad; estar alertas constantemente a las amenazas o al peligro, quedarnos estancados en la información negativa cuando la detectamos e ignorar la evidencia que nos indica que, de hecho, estamos sanos y salvos. Dicho de otra ma-

---

[13] Yair Bar-Haim *et al.*, «Threat-Related Attentional Bias in Anxious and Nonanxious Individuals: A Meta-Analytic Study», *Psychological Bulletin 133*, núm. 1 (2007): pp. 1-24, doi:10.1037/0033-2909.133.1.1; Colin MacLeod, Andrew Mathews y Philip Tata, «Attentional Bias in Emotional Disorders», *Journal of Abnormal Psychology* 95, núm. 1 (1986): pp. 15-20, doi:10.1037/0021-843x.95.1.15.

nera, el sesgo de amenaza es como un filtro de información que favorece a la negatividad por encima de la seguridad.

Imagina lo siguiente: estás dando un discurso frente a 100 personas. Ves hacia el público y, de inmediato, te obsesionas con el único miembro del público que está frunciendo el ceño o, Dios nos ampare, quedándose dormido. En menos de un instante desarrollas visión de túnel para esa persona, como si no existiera nadie más en el planeta. No notas que las otras 99 personas están escuchándote activamente, sonriendo y asintiendo. Esta especie de reflector atencional sobre el único miembro negativo de todo el público es el sesgo de amenaza. El resultado es que permaneces en alerta máxima para detectar más retroalimentación negativa, por lo que ignoras toda la evidencia adicional de que estás haciendo un excelente trabajo. Sin embargo, en ese instante, no estás consciente de ello. Lo único que sabes es que estás hecho un manojo de nervios y que estás a punto de fracasar.

Al igual que en el caso de otros sesgos, el sesgo de amenaza es una heurística desarrollada, una especie de cinta de medir veloz y automática para que el cerebro mida lo que está sucediendo en nuestra vida. Se trepa a espaldas de nuestra capacidad instintiva para detectar amenazas de manera rápida y automática, que es la misión central del cerebro defensivo. Sin embargo, el sesgo de amenaza ocasiona un desequilibrio en aquello a lo que prestamos atención, de modo que preferimos ver la negatividad a expensas de lo positivo. Cuando el sesgo de amenaza se convierte en un hábito, se exacerba la respuesta de lucha/huida a grados inusitados y los sentimientos de ansiedad se elevan hasta los cielos.

El ejemplo de las caras en una muchedumbre es muy revelador porque la respuesta del cerebro a los rostros humanos es un aspecto esencial del sesgo de amenaza. Los rostros son algunos de los elementos más apremiantes con los que lidia el cerebro. En cuestión de milisegundos, y de manera refleja, identificamos y decodificamos las facetas más sutiles de las expresiones faciales. No podríamos dejar de hacerlo incluso si hiciéramos el intento. Lo que es más, dentro del cerebro hay un área especializada para esta labor: el área facial fusiforme. Darwin lo predijo hace mucho: los humanos que sobrevivieran y prosperaran (razón por la cual heredarían sus genes) serían los que pudieran decodificar los rostros humanos. Algunas caras representan un elemento de atracción particularmente poderoso para el cerebro; prestamos especial atención a las expresiones de enojo, por ejemplo, porque nos señalan un peligro. Pero cuando estamos ansiosos de forma crónica, puede distorsionarse nuestra capacidad para juzgar aquello que es peligroso y lo que no.

Investigaciones en mi propio laboratorio y en otros revelan que comprender el sesgo de amenaza puede ayudarnos a predecir si la ansiedad sana terminará por encaminarse hacia un trastorno de la ansiedad. Lo más importante no es si nuestra atención se ve atraída hacia la negatividad; es lo que hacemos con dicha información. ¿Fijamos los ojos en las anotaciones para nuestro discurso sin atrevernos a levantar la mirada? ¿O miramos hacia el público para tratar de encontrar las caras sonrientes? En otras palabras, ¿utilizamos la ansiedad para dirigir nuestra atención hacia una recompensa?

Imagina que estás frente a una pantalla de computadora, viendo una serie de rostros; algunos enojados, otros felices y algunos neutros. Es una tarea engañosamente simple; pero si colocamos a personas con niveles elevados de ansiedad a llevarla a cabo, aprenderemos. Por medio del seguimiento ocular, que sigue la dirección en la que se mueve nuestra mirada, y de la electroencefalografía (EEG), que mide la forma en que el cerebro responde a las caras, hemos documentado el sesgo de amenaza;[14] una amplia proporción de personas prestan *demasiada* atención a los rostros enojados y amenazantes. Y las personas que tienen los mayores niveles de ansiedad les prestan *demasiada poca* atención a los rostros felices; justo de la misma forma en que lo hizo la persona que estaba dando el discurso frente al público. El que aprovechemos una de las fuentes más amplias de positividad y recompensa, nuestras conexiones sociales de apoyo, y el modo en que lo hacemos, tendrá un enorme impacto sobre nuestra ansiedad.

EL CEREBRO SOCIAL Y LA ANSIEDAD

Estar con nuestros seres amados alivia la ansiedad. Eso hace sentido a nivel intuitivo, ¿pero qué sucede bajo la superficie para que sea así?

---

[14] Tracy A. Dennis-Tiwary *et al.*, «Heterogeneity of the Anxiety-Related Attention Bias: A Review and Working Model for Future Research», *Clinical Psychological Science* 7, núm. 5 (2019): pp.- 879-899, doi:10.1177/2167702619838474.

La ansiedad nos orienta hacia los demás al cambiar la química corporal. Aumenta los niveles de cortisol, la hormona del estrés, de manera drástica. La ansiedad también provoca que el cuerpo produzca oxitocina, que se conoce como la *hormona de la vinculación social*. Este químico tiene todo que ver con conectarnos con los demás; es la hormona que liberamos cuando estamos enamorados, y cuando las mujeres tienen bebés, ayuda no solo con el proceso del nacimiento, sino también con la formación del vínculo emocional con el recién nacido. La oxitocina nos hace añorar a aquellos que nos importan. De modo que al estimular su liberación, la ansiedad nos alienta a conectarnos con los demás.

Y a eso añádele el hecho de que la oxitocina tiene efectos ansiolíticos directos sobre el cerebro. Estudios han demostrado que aumentar las concentraciones de oxitocina en la sangre ocasiona que los niveles de la hormona del estrés caigan de forma radical y que disminuya la actividad de la amígdala; justo como cuando tomas medicamentos ansiolíticos como benzodiacepinas. Los efectos de la oxitocina son tan poderosos que los investigadores han empezado a analizar sus usos terapéuticos potenciales para el tratamiento de los trastornos de ansiedad.

Ahora que todos estamos conectados y que el cerebro se tranquilizó a nivel biológico, ¿cómo es que estar con nuestros seres amados alivia la ansiedad en maneras más visibles? Por allá del inicio de la primera década del milenio una simple pero astuta observación clínica inspiró algunas nuevas ideas al respecto. Un psicólogo estaba dándole terapia a un veterano de guerra que sufría de trastorno por estrés postraumático. Por años, este veterano se negó a buscar ayuda, diciendo que no necesitaba ver a ningún loquero. Pero su esposa, que lo acompañó el día en cuestión, al fin logró convencerlo de que lo intentara. El paciente empezó a compartir sus dolorosos recuerdos de combate de forma lenta y vacilante. Cada que se alteraba y que quería marcharse del consultorio, su esposa estiraba su mano para tomar la de su marido, y cada que lo hacía, él lograba seguir hablando para elaborar el trauma. Al paso del tiempo, se benefició de la terapia.

Esa experiencia hizo que el terapeuta, que también era neurocientífico clínico, pensara diferente acerca del impacto de las conexiones sociales sobre la ansiedad. Algunos años después, en 2006,[15] él y sus colaboradores de la Universidad de Wisconsin sometieron sus ideas a prueba. Reclutaron voluntarios que participaran en un estudio y, después, les proporcionaron algo muy concreto acerca de lo que estar ansiosos: choques eléctricos impredecibles administrados dentro de una máquina de imágenes por resonancia magnética (IRM).

El potencial de recibir una descarga eléctrica es lo bastante amenazante, pero estar dentro de una máquina de IRM, un tubo enorme rodeado de un gigantesco imán de superconducción, lo hacía todavía más atemorizante. Los participantes se acostaban en la camilla y se les ingresaba al interior de

15 James A. Coan, Hillary S. Schaefer y Richard J. Davidson, «Lending a Hand», *Psychological Science* 17, núm. 12 (2006): pp. 1032-1039, doi:10.1111/j.1467-9280.2006.01832.x.

la máquina que todo el tiempo hacía ruidos estruendosos, como si se tratara de un martilleo rápido y constante.

Un tercio de los participantes ingresó a la máquina espantosa, estrepitosa y claustrofóbica a solas. A los demás se les permitió que tomaran la mano ya fuera de un desconocido o de su pareja romántica. Los que tomaron la mano de su pareja romántica mostraron los menores niveles de actividad en las regiones cerebrales asociadas con la ansiedad: la amígdala y un área específica de la corteza prefrontal que se relaciona con el manejo de las emociones, la CPF dorsolateral. Sin embargo, eso sucedió sobre todo entre aquellos que informaron niveles elevados de calidad dentro de su relación. Aquellos con una relación de menor calidad mostraron mucha más actividad cerebral relacionada con la ansiedad y concentraciones superiores de hormonas del estrés que aquellos que se tomaron de la mano con una pareja que los hacía sentir bien. Los que se tomaron de la mano con algún desconocido presentaron todavía más actividad cerebral relacionada con la ansiedad en más regiones de su cerebro, como el cíngulo anterior. ¿Y qué con el grupo final, con aquellos que se enfrentaron a la amenaza de la descarga por sí solos, sin ninguna mano que tomar? Ellos mostraron los niveles más elevados de activación cerebral en todas las regiones. Sus cerebros de verdad tuvieron que esforzarse para tratar de controlar su ansiedad.

Este estudio ilustra cómo la conexión social, aunque sea superficial, puede aliviar la ansiedad. La mera presencia de otra persona, en especial de alguien amado, ayuda al cerebro a manejar el estrés de una amenaza. Se denomina *amortiguamiento social*. Debido a que los seres humanos evolucionamos en grupos, aprendimos desde un inicio a depender unos de otros para que gastáramos menos energía emocional y cosecháramos mayores beneficios al enfrentar las dificultades juntos y no a solas. Cada reto se vuelve más difícil cuando nos encontramos aislados en sentido social.

Un caso extremo es el confinamiento solitario en la prisión. En Estados Unidos, la práctica empezó a utilizarse a principios del siglo XIX por parte de los cuáqueros para ofrecerles tiempo y espacio a los prisioneros con fines de autoexploración y penitencia. No obstante, no tardaron en observar la alarmante desintegración que podemos ver incluso en la actualidad: prisioneros que golpeaban la cabeza contra las paredes, que se cortaban a sí mismos o que trataban de suicidarse. Los cuáqueros no tardaron en abandonar la práctica (aunque el resto de nosotros deja de implementarla). Nuestra necesidad de conexión social es tan básica que se volvió evidente que el confinamiento solitario es una forma de tortura que deja a las personas más ansiosas, antisociales, deshumanizadas y agresivas de lo que eran antes.

En la década de los cincuenta el psicólogo Harry Harlow fue de los primeros en llevar a cabo investigaciones acerca del aislamiento social. Aisló a monos Rhesus bebés en la oscuridad por hasta un año posterior a su nacimiento. Después de salir de su aislamiento, mostraron graves alteraciones psicológicas y sociales, incluyendo autoaislamiento continuo, ansiedad e inhibición. El daño fue irreversible. Se piensa que el adecuadamente llamado experimento del «pozo de la desesperación»,[16] que se consideraría por completo falto de ética según nuestros estándares actuales, dio lugar al movimiento de la liberación animal.

Cuando llevamos la carga de la ansiedad por nosotros mismos, nos arriesgamos a quedar atrapados, como los pobres monos bebés de Harlow, en el pozo de la desesperación. La ansiedad no puede separarse de la evolución social. Sabemos muy dentro de nuestro ADN que una de las mejores formas de afrontar el estrés es por medio de compartir la carga emocional entre varios cerebros: nuestra red social, sea a través del simple acto de tomarnos de las manos o en la multitud de maneras en que buscamos y ofrecemos el apoyo social.

La ansiedad es mucho más que los tres elementos que la componen: lucha, huida y miedo. Es el paquete completo, protector y productivo, que nos orienta hacia las recompensas y que nos vincula con nuestra tribu. Logra esto porque es incómoda; estamos preprogramados para percibir y sentir desagrado por esa incomodidad, por lo que nos vemos impulsados a escuchar la información que la ansiedad nos ofrece y tomar los pasos necesarios para cambiar la situación a fin de que mejore. La ansiedad contiene una bella simetría fractal; evolucionó para darnos todo lo que necesitamos, contenido en su interior; tanto para guiarnos, como para motivarnos a cambiar la situación para nuestro mayor beneficio y para manejar su molestia intrínseca.

---

[16] Harry F. Harlow y Stephen J. Suomi, «Induced Psychopathology in Monkeys», *Caltech Magazine*, 33, núm. 6 (1970): pp. 8-14, https://resolver.caltech.edu/CaltechES:33.6.monkeys.

Al reclutar los aspectos de nuestra biología que por lo general no consideramos como conectados, los sistemas de amenaza, recompensa y vinculación social, nos ayudan a manejar la falta de certeza inherente en el mundo. La ansiedad, al igual que la esperanza, nos brinda la resistencia para seguir adelante y la atención y la energía para trabajar en pos de lo que deseamos. Cuando lo pensamos así, podemos ver que la ansiedad y la esperanza no son opuestas; son las dos caras de una misma moneda.

3

TIEMPO FUTURO
Elige tu propia aventura

> La ansiedad sobre el tiempo venidero dispone
> al hombre a indagar acerca de las causas de las
> cosas.[1]
>
> THOMAS HOBBES, *Leviatán*

UNA GIGANTESCA ESCALERA espiral sube por el vestíbulo
inundado de luz, flanqueada a cada lado por exquisitas esculturas de leones tibetanos que hacen guardia. Pinturas de mandalas y esculturas de Buda están elegantemente
posicionadas a lo largo del espacio. A la derecha se encuentra algo que parece fuera de lugar en el Museo de Arte
Rubin, dedicado por completo a las culturas del Himalaya:
una enorme pared, mitad azul y mitad roja, está cubierta de
piso a techo con cientos de tarjetas blancas. Al acercarme
puedo distinguir que hay algo escrito en todas ellas, como
una colección de mensajes secretos a simple vista. No estoy
sola en mi descubrimiento. Mi hija de seis años de edad,
Nandini, corre hasta la pared, lee algunas de las tarjetas,

---

[1] Thomas Hobbes, *Leviathan*, editado por Marshall Missner, Longman Library of Primary Sources in Philosophy (Nueva York: Routledge, 2008 [1651]).

mira a su alrededor y, como suele suceder, es la primera en entender de qué se trata.

—¡Quieren que *nosotros* hagamos la obra de arte!

En una mesa cercana hay montones de tarjetas que tienen escrito «Siento esperanza por...» o «Siento ansiedad por...» en la parte superior. Nandini elige una de las tarjetas de esperanza y termina la oración «Siento esperanza por...» con palabras que ha logrado deletrear: «el amor». Orgullosa cuelga la tarjeta en uno de los ganchos de la mitad azul de la pared. Las tarjetas junto a la suya dicen: «Siento esperanza por...»: «No importa lo solo que estés, el mundo se presta a tu imaginación», «Porque las personas pueden lograr el éxito aunque tengan malos promedios académicos», «¡Porque me dijo que sí!».

Del lado rojo de la pared hay montones de tarjetas que dicen: «Siento ansiedad por...», que se completan con oraciones como: «Porque no sé a dónde dirigirme ahora», «Porque el racismo nos está destruyendo», «Porque no sé si volveré a encontrar el amor», «Los problemas de mi hija», «Porque detesto la sabiduría y las falsas esperanzas que me da».

Todo este tiempo, mi hijo de 19, Kavi, ha estado estudiando la colección de tarjetas. Señala un patrón interesante: es frecuente que las tarjetas de ansiedad sean idénticas a las de esperanza: «Siento ansiedad porque tengo una entrevista de trabajo», «Siento esperanza porque tengo una entrevista de trabajo», «Siento ansiedad porque la gente está discutiendo de política», «Siento esperanza porque la gente está discutiendo de política».

—¿Cómo podemos sentir ansiedad y esperanza por la misma cosa? —me pregunta.

Aquí, en un *Monumento a la edad y la esperanza* los visitantes experimentamos lo entrelazadas que están, cómo entran y salen, al igual que las olas, a veces enfrentándose, a veces haciéndose eco o bien, contradiciéndose; siempre moviéndose en conjunto para darnos empujoncitos hacia el futuro imaginamos. Como lo describen los creadores del monumento: «La ansiedad y la esperanza se definen por un momento que aún no ha llegado».

En otras palabras, la ansiedad y la esperanza nos convierten en viajeros mentales en el tiempo, encaminados directamente hacia el futuro.

La ansiedad ha dado forma al curso de la historia de la humanidad. Para comprender cómo, lo primero que debemos hacer es explorar los cambios radicales en la especie humana que nos permitieron sentir ansiedad, para después hacer un recorrido de las variedades de pensamiento futuro que determinan lo bien que vivimos con nuestra ansiedad y lo que podemos lograr con ella.

MI MENTE EN MI FUTURO Y MI FUTURO EN MENTE

Fue hace apenas un par de millones de años, no más que un breve destello en la pantalla de nuestra historia evolutiva, que nosotros, los *Homo sapiens*, nos desviamos de nuestros ancestros *Homo habilis* y *Homo erectus* en una forma muy particular: desarrollamos un cerebro de gran tamaño. ¿Qué tan grande? Casi tres veces mayor al de aquel que llenaba los cráneos de nuestros antepasados. Sin embargo, no fue la totalidad del cerebro la que aumentó de tamaño de manera tan notable, sino solo una parte muy especial: la corteza prefrontal. Esta es el área que nos ayuda a controlar las emociones y las conductas. Esa función por sí sola justificaría el aumento de energía que se necesita para dar sustento a nuestro gran cerebro, pero la corteza prefrontal también nos permite a los humanos hacer algo que ningún otro animal puede hacer: traspasar la frontera entre el pensamiento y la realidad para imaginar cosas que no están sucediendo. Dicho de otro modo, es gracias a la corteza prefrontal que los cerebros humanos son simuladores de la realidad. Podemos experimentar cosas dentro de nuestra cabeza antes de llevarlas a cabo en la vida real: imaginar momentos que aún no suceden, revivir momentos del pasado y visualizar los posibles resultados de diferentes experiencias antes de que lleguen a suceder.

Esta capacidad para simular la realidad y para imaginarnos en el pasado o en el futuro está a la misma altura que el pulgar oponible en términos de ventajas evolutivas y permitió que pasáramos de ser cavernícolas a constructores de civilizaciones. Cuando somos capaces de ensayar nuestras acciones, podemos imaginar lo que podría salir mal, tomar mejores decisiones y averiguar la manera de esforzarnos para alcanzar el futuro que queremos y necesitamos.

Utilizamos la simulación mental todo el tiempo, desde la decisión más pequeña hasta los máximos desafíos. ¿Será buena idea contar un par de chistes antes de informarle a nuestro jefe cuáles son las cifras de pérdidas proyectadas para la empresa, solo para aligerar el ambiente? No es necesario que lo hagamos antes para saber que lo más seguro es que sea una pésima idea. Los deportistas de élite, desde las bailarinas más gráciles hasta los competidores olímpicos, simulan mentalmente su desempeño y las competencias como parte esencial de su entrenamiento. El campeón olímpico Michael Phelps visualizaba los detalles de cada futura carrera; exactamente lo que necesitaría hacer en cada inmersión, brazada, vuelta y deslizamiento, así como para cualquier problema potencial, desde *goggles* empañados, hasta descalificaciones; cada noche y cada mañana. Sea que sucediera el mejor escenario posible, o el peor, ya lo había visualizado y se había preparado para él; estaba listo para lo que fuera.

Gracias, corteza prefrontal.

VARIEDADES DE PENSAMIENTO FUTURO

Aunque muchas personas argumentan que la clave para la felicidad es *estar en el aquí y ahora*, sin necesidad de ningún tipo de simulación, nuestra increíble capacidad para imaginar el futuro, proporcionada por la corteza prefrontal, nos confiere ventajas inmensas. La ansiedad, que nos motiva y energiza para pensar en lo que se encuentra por delante, nos puede ayudar a prepararnos para lo que sea. Y, sin embargo, es la enorme variedad del pensamiento humano acerca del futuro la que determina lo que haremos con nuestra ansiedad; si le sacamos provecho o si ella se aprovecha de nosotros.

Las maneras en que pensamos acerca del futuro suelen caer en categorías que varían del optimismo al pesimismo, y de creer que tenemos control a sentir que somos víctimas del destino. La ansiedad se mueve por estos caminos en formas de lo más sorprendentes.

Todos sabemos lo que es el optimismo: la suposición de que es probable que el futuro nos sea favorable, que logremos nuestras metas y que tengamos éxito más veces que las que no. La mayoría de nosotros tiende a ser optimista. Pregúntale a un joven adulto, como se ha hecho en docenas de estudios: «En comparación con otras personas de tu edad, género y antecedentes, ¿qué tan probable es que ganes un premio que reconozca tus logros, que obtengas un trabajo con un sueldo excelente, que te cases con el amor de tu vida y que vivas más allá de los 80?» y «¿Qué tan probable es que presentes un problema con la bebida, que te despidan, que contraigas una enfermedad venérea, que te divorcies o que mueras de cáncer de pulmón?». La mayoría de las personas piensa que las probabilidades de que les sucedan los buenos desenlaces están muy por encima del promedio, y que las probabilidades de que les pase lo malo están por debajo de la media general;[2] a pesar de que la respuesta estadísticamente correcta es que las probabilidades no son más que eso: probabilidades.

El optimismo tiene claros beneficios para la vida real, desde aumentar nuestra motivación y energizar al máximo los esfuerzos que hacemos para alcanzar nuestras metas, hasta aumentar nuestra sensación de bienestar. Sin embar-

---

[2] David Dunning y Amber L. Story, «Depression, Realism, and the Overconfidence Effect: Are the Sadder Wiser When Predicting Future Actions and Events?», *Journal of Personality and Social Psychology* 61, núm. 4 (1991): pp. 521-532, doi:10.1037/0022-3514.61.4.521.

go, visualizar un futuro positivo no *necesariamente* nos hace más felices ni mejor adaptados. Incluso, podemos ser optimistas en formas que hagan más daño que bien.

Un ejemplo de lo anterior es algo a lo que se le denomina *complacencia en lo positivo*,[3] una forma de fantasía en la que imaginamos un futuro deseado, pero sin conectarlo con nuestra realidad presente. Pensamos: «Quiero tener un trabajo que me satisfaga y que me pague un sueldo elevado», pero se nos olvida recordar que no tenemos estudios ni ninguna habilidad que sea útil para ello y que, además, preferimos trabajar solo 20 horas por semana. Jamás visualizamos la manera en que llegaremos de aquí hasta allá. Cuando fantaseamos en esta forma de ensueño, llena de nubes, es menos probable que nos comprometamos con nuestras metas futuras y que elaboremos planes para sobreponernos a los obstáculos. Nos permitimos este tipo de fantasía porque se siente maravillosa en el momento; las investigaciones muestran que incluso tiende a mejorar nuestro estado de ánimo positivo a corto plazo; pero a la larga, lo más seguro es que no alcancemos las metas y que terminemos por clavarnos en el dolor emocional de nuestro fracaso.

Dado que se siente bien ser optimista, es frecuente que supongamos que el pesimismo es una manera poco sana de pensar acerca del futuro. Creemos que este lado oscuro del pensamiento a futuro nos hará sentir más ansiosos y depri-

---

[3] Gabriele Oettingen, Doris Mayer y Sam Portnow, «Pleasure Now, Pain Later», *Psychological Science* 27, núm. 3 (2016): pp. 345-353, doi:10.1177/0956797615620783.

midos y que, además, causará que fracasemos en el logro de nuestras metas. La verdad es más compleja que eso.

El pesimismo puede conducir a malos resultados, pero también a buenos. Los aspectos negativos del pesimismo son de lo más evidentes cuando analizamos sus extremos, que a menudo acompañan a los trastornos de ansiedad, como:

CATASTROFISMO: «Va a ser un desastre absoluto y devastador».

METAPREOCUPACIÓN O PREOCUPARSE POR PREOCUPARSE: «Si me pongo ansioso y me preocupo demasiado, me hará daño o quizás provoque que algo malo suceda».

INTOLERANCIA A LA INCERTIDUMBRE: «Es aterrador e inaceptable que mi futuro sea desconocido e impredecible; podrían ocurrir sucesos negativos en cualquier momento».

Podemos observar estos patrones de pesimismo en una diversidad de trastornos de la ansiedad.[4] El pensamiento catastrófico, por ejemplo,[5] es común entre los sobrevivientes del trauma, que a menudo se ven atrapados en un ciclo

---

[4] Birgit Kleim et al., «Reduced Specificity in Episodic Future Thinking in Posttraumatic Stress Disorder», Clinical Psychological Science 2, núm. 2 (2013): pp. 165-173, doi:10.1177/2167702613495199.

[5] Adam D. Brown et al., «Overgeneralized Autobiographical Memory and Future Thinking in Combat Veterans with Posttraumatic Stress Disorder», Journal of Behavior Therapy and Experimental Psychiatry 44, núm. 1 (2013): pp. 129-134, doi:10.1016/j.jbtep.2011.11.004.

angustiante en el que imaginan el futuro en referencia a sus experiencias pasadas («Cuando me vea en el espejo mañana por la mañana, veré la cicatriz que dejó el ataque») o en formas desastrosas en general («Mañana cuando vaya a la entrevista para el nuevo trabajo, me derrumbaré de tal forma que tendrán que pedir a los de seguridad que me escolten hacia afuera del edificio»). También, están las personas que manifiestan metapreocupación, como las diagnosticadas con trastorno de ansiedad generalizada (TAG). Aunque se preocupan de forma crónica en la esperanza de anticipar amenazas y problemas a fin de encontrar soluciones, también perciben que la preocupación en sí es peligrosa y les surgen ideas como: «Preocuparme hará que pierda la razón», «Me estoy haciendo daño por preocuparme tanto», o: «La preocupación puede provocar infartos».

Si el pesimismo se vuelve habitual, puede llevar a la muy angustiosa *certeza pesimista*[6] en la que suponemos no solo que sucederán cosas malas, sino que carecemos de cualquier posibilidad para darles solución. La certeza pesimista puede exacerbar los niveles elevados de ansiedad, pero cuando se extiende hasta abarcar la otra cara de la moneda, la certeza de que *no pueden suceder cosas buenas*, allana el camino hacia la depresión[7] y el pensamiento sui-

---

[6] Susan M. Andersen, «The Inevitability of Future Suffering: The Role of Depressive Predictive Certainty in Depression», *Social Cognition* 8, núm. 2 (1990): pp. 203-228, doi:10.1521/soco.1990.8.2.203.

[7] Regina Miranda y Douglas S. Mennin, «Depression, Generalized Anxiety Disorder, and Certainty in Pessimistic Predictions About the Future», *Cognitive Therapy and Research* 31, núm. 1 (2007): pp. 71-82, doi:10.1007/s10608-006-9063-4.

cida.[8] Cuando ya no somos capaces de ver el potencial de mejora, podríamos empezar a sentir que no vale la pena vivir.

Con todo y lo anterior, pensar acerca de eventos negativos futuros también puede ser de utilidad. Las investigaciones acerca del envejecimiento y la enfermedad han mostrado que centrarse en uno de los sucesos negativos futuros más importantes, nuestra propia mortalidad, nos ayuda a disfrutar del presente.[9] Percibir que la vida es limitada, ya sea porque somos viejos o porque estamos enfermos, hace que prioricemos las metas sanas, como hacer fuertes conexiones emocionales con amigos y familiares o disfrutar de actividades placenteras. Pensar acerca de nuestra muerte a futuro nos impulsa a buscar la dicha en el presente.

¿Dónde se encuentra la ansiedad dentro de este espectro de optimismo a pesimismo? Tiende a encontrarse justo en el centro, porque no se trata solo de futuros positivos o negativos; nos obliga a lidiar con la incertidumbre.

Imagina que alguien te preguntara lo siguiente a diario durante dos semanas seguidas: «Por favor, trata de visualizar, de la forma más precisa que puedas, cuatro sucesos negativos que razonablemente podrían sucederte el día de mañana. Puedes imaginar lo que quieras, desde problemas cotidianos hasta sucesos de lo más graves. Algunos ejem-

---

[8] Joanna Sargalska, Regina Miranda y Brett Marroquín, «Being Certain About an Absence of the Positive: Specificity in Relation to Hopelessness and Suicidal Ideation», *International Journal of Cognitive Therapy 4*, núm. 1 (2011): pp. 104-116, doi:10.1521/ijct.2011.4.1.104.

[9] Laura L. Carstensen, «The Influence of a Sense of Time on Human Development», *Science* 312, núm. 5782 (2006): pp. 1913-1915, doi:10.1126/science.1127488.

plos podrían ser: "Mi estilista me arruinará el cabello cuando de por sí ya voy tarde a la boda de Julie" o "Cuando tome un baño mañana, el agua se pondrá helada de un momento a otro", o "Mi doctor acaba de recibir los resultados que muestran que mi problema visual se debe a un tumor"».

Imagina también lo que sucedería si te indicaran: «Por favor, trata de representar en tu mente, de la manera más precisa que puedas, cuatro sucesos neutros y rutinarios que podrían suceder mañana; cosas que casi no notas, como cepillarte los dientes, bañarte, atarte las agujetas, tomar un camión o prender tu computadora».

Un estudio hizo justo eso con alrededor de 100 personas.[10] Cuando se les pidió que se imaginaran dos semanas de sucesos negativos, no pasó gran cosa con su estado de ánimo; su ansiedad no aumentó, ni disminuyó su felicidad. Pero cuando se les pidió que imaginaran sucesos neutrales, cotidianos y rutinarios, su ansiedad *disminuyó*.

Este hallazgo inesperado nos muestra que la incertidumbre, más que el pesimismo o el optimismo, es lo que hace que la ansiedad sea desagradable. Eso se debe a que la ansiedad y la incertidumbre están vinculadas de manera tan cercana que incluso pensar y planear los sucesos futuros más insignificantes y olvidables, pero predecibles, cosas tan sencillas como cepillarnos los dientes, logran aplacar los sentimientos de ansiedad. Esto es algo que ya saben los dedicados creadores de listas, y me incluyo entre ellos.

---

[10] Jordi Quoidbach, Alex M. Wood y Michel Hansenne, «Back to the Future: The Effect of Daily Practice of Mental Time Travel into the Future on Happiness and Anxiety», *Journal of Positive Psychology 4*, núm. 5 (2009): pp. 349-355, doi:10.1080/17439760902992365.

Si una de las funciones evolutivas de la ansiedad es centrarnos en el futuro incierto y motivarnos a hacer algo al respecto, entonces también poseemos uno de los aspectos más útiles del pensamiento futuro: debemos creer que tenemos el poder, el control para moldear el futuro.

Cuando pensamos acerca del futuro, ¿creemos que somos los narradores de nuestra propia historia o que somos las indefensas víctimas del destino? Esos son los extremos del espectro de creencias de control dentro del que todos habitamos. El sitio en el que nos encontremos dentro de esa escala en cualquier momento dado tiene un impacto poderoso sobre nuestro bienestar emocional. Cuando perdemos las esperanzas de controlar nuestro destino, quizás parezcamos realistas, pero también nos sentiremos más deprimidos. En psicología, esto se llama *realismo depresivo*: seremos más tristes; pero también, podría decirse, más sabios. Es un precio muy alto que pagar.

Por suerte, y a pesar de la evidencia que indica lo contrario, la mayoría de nosotros cae en el error de creer que podemos controlar el futuro; incluso cuando a nivel racional sabemos que es imposible hacerlo. Podrá parecer crítico decir que lo anterior es pensamiento mágico, pero es justo lo que es. Docenas de investigaciones que estudian la variedad de maneras en que pensamos que podemos controlar lo incontrolable nos muestran que la mayoría de nosotros cree que si le damos vuelta a la rueda de la fortuna de cierta forma o si les soplamos a los dados, la suerte nos llevará a la victoria. Uno de los primeros estudios de campo acerca del tema demostró que la mayoría de nosotros cree, muy en nuestro interior, que si elegimos nuestro propio boleto de lotería, en lugar de que se nos dé uno al azar, tendremos una mejor oportunidad de ganar. Las mismas ilusiones de control se aplican a situaciones que no dependen solo de la casualidad;[11] estamos seguros de que por simple fuerza de voluntad podemos convertir nuestros sueños en realidad al tiempo que evitamos el desastre.

Esto es porque nos parece de lo más natural asumir el crédito por nuestros éxitos y culpar de nuestros fracasos a factores externos. Este hábito de interpretar sucesos, que los psicólogos llaman un estilo *de atribución interno-estable-global*,[12] supone que controlamos los sucesos positivos de nuestra vida. Es interno, estable y global porque atribuimos los sucesos buenos a nuestros propios esfuerzos, más que a los de otras personas (interno en lugar de externo), porque creemos que esto casi siempre será el caso (estable más que inestable) y porque estamos seguros de que será igual para cada situación de la vida (global más que específico). Estas atribuciones se extienden hacia el futuro; son lo que podemos esperar para el día de mañana y para los muchos mañanas que vengan después. Piensa en ello como incertidumbre controlada: una y otra vez los estudios han mostrado que lo que, en esencia, es un error de pensamiento, va de la mano con una saludable vida emocional.

[11] Ellen J. Langer, «The Illusion of Control», *Journal of Personality and Social Psychology 32*, núm. 2 (1975): pp. 311-328, doi:10.1037/0022-3514.32.2.311.

[12] Lyn Y. Abramson, Martin E. Seligman y John D. Teasdale, «Learned Helplessness in Humans: Critique and Reformulation», *Journal of Abnormal Psychology 87*, núm. 1 (1978): pp. 49-74, doi:10.1037/0021-843x.87.1.49.

Por el contrario, cuando rechazamos estas ilusiones de control de los sucesos positivos, es más probable que nos deprimamos. La depresión es incluso capaz de darle la vuelta a este estilo sano de atribución, de manera que ahora creemos que los sucesos positivos se deben a causas externas, inestables e inespecíficas, lo que significa que las cosas buenas suceden por casualidad, que están fuera de nuestro control y que solo pasan de vez en cuando. Es difícil ilusionarse con el futuro ante un panorama o una perspectiva así.

La ansiedad, en contraste directo con la depresión, adopta y aprovecha el estilo de atribución interno-estable-global. Cuando nos sentimos ansiosos, incluso en un nivel intenso, todavía creemos que podemos hacer que pasen cosas buenas en nuestra vida, y la acción mental más común que llevamos a cabo y que ayuda a la ansiedad a lograrlo es algo que todos conocemos muy bien: la preocupación.

LA PREOCUPACIÓN ES LA CREENCIA DE QUE PODEMOS CONTROLAR EL FUTURO

La mayoría de nosotros —incluyéndome—, utilizamos *preocupación* y *ansiedad* indistintamente en nuestra vida cotidiana. Sin embargo, en psicología, se considera que son dos cosas muy diferentes. La ansiedad es una mezcla de sensaciones físicas, conductas y pensamientos. Los sentimientos —las mariposas que sentimos en el estómago, el nudo en la garganta, la sensación general de energía y agitación— residen en el cuerpo. Las conductas se refieren a lo que hacemos cuando se activa la respuesta a la amenaza: luchar, huir o paralizarnos.

Mientras tanto, nuestros pensamientos están tratando de averiguar *por qué* nos sentimos ansiosos y lo que deberíamos hacer al respecto. Es esa porción relacionada con los pensamientos a la que llamamos preocupación. Tiene una especie de "explicatoriedad" que la ansiedad no siempre posee. La ansiedad puede ser libre, flotante, y sin objeto o enfoque aparente. Me siento ansiosa, pero no estoy del todo segura de por qué, lo que resulta angustiante, por lo que trato de tranquilizarme a mí misma, digamos, respirando hondo o, de manera no tan sabia, tomando una copita de vino. En contraste, la preocupación es intensa y dirigida: me preocupa que no podré pagar la renta. Me preocupa que voy a morir de la misma enfermedad que mató a mi abuelo. Cuando nos preocupamos, es posible que también decidamos tomarnos esa famosa copita de vino en la espera de que nos sirva de algo, pero también nos sentiremos dispuestos a hacer algo verdaderamente útil, como preguntar: «¿Qué debo hacer ahora?».

Cuando nos preocupamos, empezamos a averiguar la forma en que podemos manejar las situaciones que nos producen ansiedad. Necesito averiguar cómo obtener dinero para pagar la renta. Tengo que ir al médico para que me mande una prueba que pueda decirme si tengo la enfermedad o no. La preocupación es agitada, persistente e implacable, porque su objetivo, su único propósito, es ayudarnos a averiguar cómo lidiar con las amenazas y hacer que las cosas salgan bien al final.

Es posible estar ansioso sin preocuparse, como cuando nuestros sentimientos de ansiedad son difusos y vagos o difíciles de especificar, pero no es posible preocuparse sin sentir ansiedad. De hecho, con el fin de estudiar la preocupación,[13] los investigadores indican a las personas cómo preocuparse, pidiéndoles que invoquen pensamientos o ideas específicos. Suelen invocarse las partes de sensación de la ansiedad. Las instrucciones son las siguientes:

TÓMATE UN MOMENTO PARA PRESTAR ATENCIÓN A LA MANERA COMO SE SIENTE TU CUERPO: tu respiración, tu frecuencia cardiaca, tus músculos (concéntrate en tus hombros y en los músculos de tu rostro)… y en cómo estás sentado o parado (tenso o relajado). Ahora, pon atención a tus pensamientos: ¿qué pasa por tu mente en este momento?

AHORA, HAZ UNA LISTA DE TRES COSAS QUE TE HAGAN SENTIR ANSIOSO Y ELIGE LA MÁS INTENSA. DEDICA UN MINUTO COMPLETO A PENSAR SOLO EN ESE DISPARADOR MÁS INTENSO DE ANSIEDAD. DÉJATE LLEVAR COMPLETAMENTE POR ÉL. DE SER POSIBLE, PIENSA EN ELLO DE LA FORMA MÁS VÍVIDA QUE PUEDAS: imágenes, detalles, lo peor que podría pasar y lo que podrías hacer al respecto.

UNA VEZ CONCLUIDO EL MINUTO, VUELVE A CENTRARTE EN TU CUERPO. ¿TU CORAZÓN LATE UN POCO MÁS FUERTE? ¿SIENTES DEBILIDAD O CALOR? ¿RIGIDEZ O RESEQUEDAD DE GARGANTA? ¿RESPIRAS CON MAYOR VELOCIDAD O AGITACIÓN, O SIENTES MARIPOSAS EN EL ESTÓMAGO?

---

[13] David York *et al.*, «Effects of Worry and Somatic Anxiety Induction on Thoughts, Emotion and Physiological Activity», *Behaviour Research and Therapy* 25, núm. 6 (1987): pp. 523-526, doi:10.1016/0005-7967(87)90060-x.

Como resulta evidente, la preocupación no se siente muy bien que digamos. Puede empeorar la ansiedad con facilidad al hacer que los pensamientos se dirijan a nuestros problemas e incertidumbres, desencadenando una respuesta de lucha o de huida. Y si preocuparse se siente tan mal, ¿por qué seguimos haciéndolo? Porque hay un aspecto particular de ello que se siente positivo en un grado extremo: preocuparnos nos hace sentir que estamos haciendo *algo*. Cuando estamos ansiosos, es frecuente que se desencadene la preocupación para acelerarnos hacia una simulación mental del futuro, algo que nos impulsa a planear qué hacer a continuación. Y dado que se siente bien creer que podemos controlar el futuro, nos seguiremos preocupando.

Yo tengo una comprensión detallada de primera mano acerca de la naturaleza pensar-planear-controlar de la preocupación a causa de la experiencia más ansiógena de toda mi vida: enterarme de la enfermedad cardiaca congénita de mi hijo.

Cuando estaba embarazada de mi primer hijo, Kavi, descubrimos que padecía de un trastorno grave que requeriría que se sometiera a una cirugía de corazón abierto dentro de sus primeros meses de vida. Quizás parezca evidente dónde entraría la preocupación en esta ecuación, pero menos evidente es el hecho de que la preocupación fue una de mis mejores amigas, aunque la más agotadora, durante el año entre el diagnóstico y la cirugía y recuperación de mi bebé antes de que siquiera hubiera alcanzado los primeros seis meses de vida. El terror que sentí no me sirvió para nada. Mi ansiedad libre flotante me fue un poco más útil porque me energizó para seguir adelante. Pero fue la parte de la preocupación de mi ansiedad la que me permitió mantenerme un paso adelante del peligro al que se enfrentaría mi hijo si no conseguíamos la intervención médica que tanto necesitaba. Fue la preocupación la que me impulsó a averiguar la manera de maximizar las probabilidades de una cirugía exitosa y de minimizar las probabilidades de que sucediera el peor desenlace posible.

Mis preocupaciones eran innumerables. Mientras estuve embarazada, me preocupé de su pronóstico y de qué tan enfermo estaría cuando naciera. Una y otra vez intenté imaginarme lo que sería cuidar a un bebé enfermo; quería ser como una nadadora olímpica, pero de la maternidad, imaginándome cada brazada de la carrera que sería la urgencia médica de mi hijo. Entré de lleno en modalidad de recopilación de información: leí cada artículo publicado acerca del padecimiento de Kavi, examiné todos los sitios y blogs de la comunidad dedicada a las enfermedades congénitas del corazón y les hice millones de preguntas a las enfermeras y los médicos durante las visitas prenatales semanales de revisión que rastreaban su progreso por medio de ultrasonidos y ecocardiogramas.

La preocupación me ayudó a planear. Operarlo cuando cumpliera varios meses de edad y no inmediatamente después de su nacimiento le daría a su corazón la oportunidad de crecer más y de fortalecerse, de modo que necesitaríamos contratar a una enfermera pediátrica para extender el tiempo que pudiéramos cuidar de él en casa. Me preocupé por encontrar al mejor cirujano. Encontramos algunos especialistas notables y tuvimos que elegir entre ellos; ¿debíamos elegir al que tenía el mejor trato con sus pacientes o al que todo el mundo nos decía que se mantendría centrado a un grado inusitado y tendría las manos firmes aunque explotara una bomba en el cuarto contiguo? (Nos decidimos por ese). Semana con semana, me imaginaba los mejores y los peores escenarios, hablaba con los especialistas acerca de cada contingencia posible y me esmeraba, lo más que podía, en planear cada mínimo detalle relacionado con sus cuidados. Y, desde luego, me preocupé: ¿cómo diablos lograríamos sobrevivir a esto?

Al final fue la preocupación la que nos ayudó a sobrevivir. Al tiempo que me permitió prepararme a un nivel de eficiencia máxima, también me ayudó a sobrevivir en términos emocionales porque jamás dejé de creer que si planeaba y me esforzaba y pensaba lo suficiente, nuestro hijo viviría y prosperaría, con todo y que también sabía de lleno que el control total del futuro no es más que una ilusión. Mi preocupación era mi creencia de que podíamos luchar por la supervivencia de nuestro hijo, muy a pesar de una enfermedad que hubiera significado una sentencia de muerte no hacía tanto tiempo.

No me malentiendas; la preocupación no siempre es de utilidad. Cuando es crónica y extrema, en lugar de ayudarnos, afecta nuestra capacidad para crear el futuro que deseamos. Por ejemplo, la preocupación es un componente esencial del más común de los trastornos de ansiedad, el trastorno de ansiedad generalizada (TAG). En siglos anteriores el TAG se denominaba *panofobia*, o temor a todo. Eso tiene mucho sentido, porque alguien que recibe el diagnóstico se preocupa de manera indiscriminada acerca de sucesos mundiales, de las finanzas, de su salud, apariencia, familia, amigos, escuela, trabajo. Esto hace que la preocupación consuma una buena cantidad de tiempo. La preocupación generalizada también es angustiosa porque se experimenta como algo fuera de control y persistente, como una especie de máquina de movimiento perpetuo dentro de nuestra cabeza. Esto que es casi una fuerza de la naturaleza se siente atemorizante, como si pudiera conducir a un colapso, ya sea mental o físico.

Investigadores de Penn State ilustraron este peligro en un estudio de 2004.[14] Les pidieron a personas con un diagnóstico de TAG que hicieran dos cosas por completo opuestas: primero, que se preocuparan acerca de algo que de verdad les molestara y, segundo, que centraran toda su atención en su respiración con el fin de relajarse. Durante el ejercicio de respiración tenían que escribir si todavía se sentían distraídos por alguna preocupación residual. Resultó que incluso en ese momento seguían sintiéndose acosados por preocupaciones invasivas, por una incapacidad para concentrarse, y por sentimientos de inquietud, tensión y fatiga. En otras palabras, eran incapaces de apagar sus preocupaciones. En su forma más extrema, esto se vuelve tan automático que nos preocupamos incluso durante momentos de seguridad y relajación.

---

[14] Ayelet Meron Ruscio y T. D. Borkovec, «Experience and Appraisal of Worry Among High Worriers with and Without Generalized Anxiety Disorder», *Behaviour Research and Therapy 42*, núm. 12 (2004): pp. 1469--1482, doi:10.1016/j.brat.2003.10.007.

Elige tu propia aventura

Pensar en el futuro puede ser de ayuda o puede estorbarnos, pero lanzar nuestra mente hacia adelante, hacia un momento que todavía no llega, siempre tiene una cierta cualidad emocional; quizás sintamos el estremecimiento de la incertidumbre, la atención aumentada y el corazón acelerado, o quizás una pequeña descarga de adrenalina al hacer acopio de nuestros recursos, preparándonos para lo desconocido. La mente entra en un tiempo futuro, donde la incertidumbre, la ansiedad y la esperanza viven juntas.

Por su naturaleza misma, esta estimulación nos energiza. Ni el pasado ni el presente pueden brindarnos esta agudeza, esta urgencia. La ansiedad nos dice que esperar a que el futuro suceda podría ser malo, de modo que más nos vale crear el desenlace que deseamos. Es bastante parecido a los libros de *Elige tu propia aventura*.

Después de que se fijó la fecha para la operación de mi hijo, mi cerebro se puso a trabajar, y empezó a planificar: «Contrataremos el servicio de taxi y nos marcharemos al hospital a las 6:00 a. m. Eso nos permitirá llegar con tiempo más que suficiente y no tendremos que preocuparnos de manejar hasta allá. Una vez que nos registremos, nos reuniremos con una de las enfermeras y podré preguntarle cualquier duda final que pudiera tener. De hecho, voy a apuntar cualquier pregunta que todavía tenga la noche anterior, en caso de que mi mente se ponga en blanco cuando lleguemos. Después de reunirnos con la enfermera, el anestesiólogo nos explicará el procedimiento y le dará a Kavi un sedante para ponerlo a dormir. Eso será un alivio; no tendré que preguntarme si se siente atemorizado. Me pregunto si me permitirán cargar a Kavi hasta el quirófano. ¿Lo hará sentir mejor o peor que su madre lo entregue al equipo quirúrgico?».

Si lo cargas tú, ve a la página 39. Si lo carga tu marido, ve a la página 78.

Quizás el humor negro no tenga cabida en esta situación, pero imaginarnos lo que sucederá a continuación para después elegir entre los posibles caminos disponibles es ver la cirugía de mi hijo en tiempo futuro. Las preocupaciones y la planeación entran al primer plano de mi mente. Mis pensamientos se mueven con velocidad. Incluso si solo se trata de una simulación mental, mi corazón late con mayor rapidez, como si se estuviera preparando para el suceso. Siento punzadas de ansiedad, esperanza, zozobra, confusión y otras cosas más al enfrentarme al incierto futuro, pero también me siento más centrada. Para cuando regreso al presente —me doy un respiro para no hundirme demasiado lejos en el pozo sin fondo de la preocupación— no he olvidado el peligro al que nos enfrentaremos, pero me siento doblemente preparada para hacer todo lo que pueda con el fin de garantizar un buen resultado.

Experimento la cirugía de manera muy diferente desde la perspectiva de los tiempos pasado y presente. En tiempo presente, transité por un torrente continuo de pensamientos y percepciones, sentimientos e ideas; algunos acerca de la cirugía y algunos sobre otras cosas: «Oh, no, entregarlo yo misma al equipo quirúrgico es una pésima idea. No estoy segura de que pueda soltarlo... Y esta habitación tan enorme y brillante, llena de instrumentos metálicos relucientes... Creo que me voy a desmayar, o quizás hasta vomite. ¡Más me vale no vomitar encima del doctor! Bueno, desastre evitado, ya está en el quirófano. Solo tengo que recordar que todo va a estar bien. Nuestro cirujano es el mejor. Este tipo de operación es nada para él. Ahora, solo tengo que encontrar la sala de espera. Vaya, aquí está la sala de espera. Está de lo más silenciosa. La gente está murmurando allá en una esquina. ¿Y dónde está mi esposo? Ah, mira, allá está. Qué agradecida me siento de que nos estén acompañando nuestros amigos y familia. Ufff, este café sabe horrible y me está haciendo sentir más náuseas. ¿Por qué no puedo dejar de beberlo? ¿Cuánto tiempo ha pasado? ¿Una hora? ¿Tres? ¿Es el cirujano el que está abriendo la puerta? ¿Ya acabó la cirugía? No. ¿Es ese? No. ¿Y ahora? No. ¿Cuándo va a acabar? ¿Por qué se puso un perfume tan fuerte esa persona?». Mi mente no deja de galopar.

Sin embargo, en pasado, el tiempo se desacelera y se expande mientras me cuento y me vuelvo a contar la historia de la cirugía. En una versión de la historia, me enfoco en mi procesión de sentimientos: el terror helado que sentí mientras esperaba; las fantasías dolorosas que pasaban por mi cabeza del médico cortando el pecho de Kavi, rompiendo sus costillas para abrir la caja torácica y deteniendo su diminuto corazón para poder intervenirlo; mi creciente agotamiento a medida que pasaban las horas, y, gracias al cielo, el inexpresable alivio cuando el cirujano salió por fin para decirnos que la operación había salido a la perfección. En otra versión del pasado, hay detalles e imágenes idio-

sincráticas que definen la experiencia: el aspecto antisépti-
co de la sala de espera; la visita del anestesiólogo que nos
recomendó —lo juro— que fuéramos al restaurante de
sándwiches de la esquina mientras esperábamos: ¡como
si pudiéramos comer!; en el momento en que la puerta se
abrió y no fue el cirujano, como pensábamos, sino uno de
nuestros más queridos amigos, y la descarga de consuelo que sentimos, y, después de la cirugía, cuando Kavi se
estaba recuperando en el hospital y progresando tanto, el
momento de certeza de que no solo estaría bien, sino que
empezaría a prosperar. Mientras más elaboro y recuento los
detalles positivos del pasado, repasando los mismos momentos y añadiendo detalles e interpretaciones aquí y allá,
mejor me siento. Me gusta sentarme y sumergirme en esa
historia del pasado, como si fuese un baño caliente en tina.

El tiempo pasado es lento y narrativo y nos brinda la
capacidad de crear una historia cómoda de contar. El tiempo presente es un sinuoso fluir de experiencias que serpen-
tea por doquier. Pero el tiempo futuro es dinámico, cargado
de ímpetu, que se abalanza hacia un final que todavía no
sucede, pero que queremos hacer que pase.

Paraíso perdido

El *sine qua non* de la ansiedad es el tiempo futuro. Cuando
estamos ansiosos, la pregunta «¿Qué va a pasar ahora?»
contiene tanto positividad como peligro. Es como si el futuro fuese una débil señal de radio. Mientras damos vuelta

a la perilla del sintonizador, tratando de encontrar el ajuste correcto, la ansiedad nos incita a sintonizar el canal que representa el futuro que deseamos. De hecho, el maravilloso cerebro humano —nuestro simulador de realidad— evolucionó no para entrar al futuro a tropezones, sino para imaginarlo de modo que podamos crearlo.

Y esa es la razón por la que, si nos queremos sentar y relajarnos, el tiempo futuro quizás no sea la mejor elección posible. Como veremos en el capítulo 10, allí es donde rige el tiempo presente. Sin embargo, si lo que preferimos es resolver las cosas y planear con antelación lo que más nos importa, no hay mejor tiempo verbal que el futuro, aunque en las dosis correctas. Eso es lo que hace que la ansiedad sea tanto protectora como productiva, y lo que hace que sea la fuerza primordial que impulsa al logro y al ingenio humanos. Al inicio de este capítulo mencioné que mi hijo Kavi preguntó: «¿Cómo podemos sentir ansiedad y esperanza por la misma cosa?». La respuesta que le di fue: «Solo nos sentimos ansiosos cuando algo nos importa. Y hay mucho que puede importarnos».

De manera muy irónica, como veremos en la siguiente sección, algunos de nuestros más grandes logros —lenguaje, filosofía, religión y ciencia— poco a poco han erosionado nuestra capacidad para utilizar la ansiedad con el fin de perseguir las cosas que nos importan. Las creencias actuales acerca de la ansiedad casi han logrado transformarla de ventaja en desventaja. Casi.

PARTE II

CÓMO NOS ENGAÑARON ACERCA DE LA ANSIEDAD

4

LA NARRATIVA DE LA ANSIEDAD COMO ENFERMEDAD

Como ya vimos, la ansiedad no solo es un destello en nuestra pantalla emocional; los seres humanos estamos hechos para sentirnos ansiosos. La ansiedad está arraigada en nuestra ancestral biología defensiva y se encuentra intrínsecamente unida con nuestra profunda necesidad de conexión humana. Sin ella, es posible que jamás hubiésemos llegado a convertirnos en constructores de civilizaciones, o que no hubiéramos logrado sobrevivir como especie.

Sin embargo, parecería que desaprovechamos nuestra relación con la ansiedad. Si nos observamos a nosotros mismos en la actualidad, en el siglo XXI, veremos que tratamos incluso los más leves sentimientos de ansiedad como si fueran una carga indeseable. Detestamos tanto la ansiedad que haríamos casi lo que fuera con tal de evitarla o suprimirla.

La tratamos como si fuera una enfermedad.

La transformación de la ansiedad de emoción ventajosa a enfermedad indeseable no sucedió de la noche a la mañana. Nos tomó cerca de mil años engañarnos para creer que este triunfo de la evolución no es más que una enfermedad que nos conducirá por un tortuoso camino hacia la locura y el terror. Para contar la historia, tenemos que empezar en las raíces de las ciencias médicas modernas y trasladarnos hasta la Edad Media.

PONIÉNDONOS MEDIEVALES CON LA ANSIEDAD

En el periodo del Medioevo temprano en Europa Occidental el Imperio romano estaba en las etapas finales de su colapso y la Iglesia católica tomó una posición central en la vida de las personas, dictándolo todo, desde la manera en que debían rendir culto, comer y trabajar, hasta lo que podían pensar acerca de la vida, de la muerte y del más allá.

En ese tiempo la palabra *ansiedad* no significaba nada que se pareciera a lo que quiere decir en la actualidad. En aquel entonces las personas la concebían como una sensación corporal encapsulada en las raíces etimológicas de la palabra; el latín *angere*, «atragantarse», y el todavía más antiguo proto-indoeuropeo *angh*, «contraído a un punto doloroso». Así también, a diferencia de la actualidad, en la que las personas utilizan la palabra sin reservas para referirse a cualquier sensación de angustia o preocupación, los términos medievales para la ansiedad casi nunca formaban parte de una conversación común y corriente: *anxietas* en latín, *anguish* en inglés, *anguisse* en francés y *angst* en los idiomas germanos y escandinavos.

No obstante, la Iglesia lo cambió todo al hacer que la ansiedad se convirtiera en un componente clave de la vida espiritual. *Ansiedad* se volvió la palabra de uso común para describir el angustioso sufrimiento del alma, empantanada en el pecado, apasionada y añorante de la redención y aterrada de las torturas eternas del infierno, cosa que se capturó en el más exquisito detalle dentro del poema épico del siglo XIV *La Divina Comedia*, de Dante Alighieri.[1]

De hecho, las primeras líneas del «Infierno», la primera parte de *La Divina Comedia*, evocan la ansiedad mística al momento en que el protagonista, Dante el Peregrino, perdido en un oscuro bosque, inicia su aterradora travesía por los nueve círculos del infierno y del purgatorio en su camino hasta el paraíso:

> *En mitad de la travesía de la vida*
> *me encontré en un bosque oscuro,*
> *después de haber perdido el camino recto.*
> *¡Ay de mí! Qué difícil cosa es decir*
> *lo que este bosque salvaje, árido y agreste era,*
> *que con tan solo pensarlo, renueva su espanto.*
>
> (*Infierno*, canto I, 1-6)

Cada círculo concéntrico del infierno es una ciudad organizada en torno a torturas específicas, como una especie de espacio urbano planificado, que alberga a pecadores cada vez peores mientras más se hunde Dante en el profundo infierno: desde lagos de fuego y arenas ardientes, a crucifixiones, entierros a cielo abierto y sumersión en bilis. Escrito en italiano vernáculo e ilustrado con imágenes impactantes, el «Infierno» describe, en lenguaje cotidiano, las agonías

---

[1] Dante Alighieri, *The Divine Comedy of Dante Alighieri*, traducción de Robert Hollander y Jean Hollander (Nueva York: Anchor, 2002).

eternas que los pecadores sufrirán en el más allá. Con los horrores del infierno y la amenaza de la perdición eterna en un punto dominante de la mente medieval, la ansiedad se convirtió en una compañera de lo más conocida. Se unió a las filas de algunas de las otras abstracciones esenciales de cada sermón dominical, como la esperanza, la fe, la conciencia, la pureza y la salvación.

A medida que el significado de la ansiedad se volvía más espiritual, también cambió la manera en que se le trataba. Ahora los sanadores del alma, los sacerdotes católicos, recetaban y aplicaban las intervenciones de la confesión, la penitencia y la oración. Como enseñó San Agustín: «Dios puede aliviar tus problemas solo si en tu ansiedad te aferras a Él».

Este concepto de la ansiedad como condición espiritual necesitada de alivio divino se generalizó a lo largo y ancho del Sacro Imperio Romano, que se extendía a lo largo de lo que en la actualidad son 48 países, desde Escocia, al extremo norte, por toda Europa y hasta Asia y el norte de África. Sin embargo, otro cambio de paradigma no tardaría en impulsar a la ansiedad a avanzar en su camino.

ILUSTRADO O NO, ALLÁ VOY

En el siglo XVII las ideas de libertad e individualismo motivaron a las personas a cuestionar las costumbres y autoridades antiguas. *Sapere aude*, atrévete a saber, se volvió el lema de la Ilustración. Pensadores y científicos desafiaron los límites de la Iglesia, y a menudo terminaron quemados en la hoguera por ello. Utilizaban las herramientas del empirismo, la observación científica y las matemáticas para explicar los misterios del mundo natural y para alcanzar nuevas proezas tecnológicas.

Uno de los libros de mayor importancia de la era fue *Anatomía de la melancolía*,[2] escrito en 1621 por Robert Burton, un erudito universitario y otrora bibliotecario. Aunque lo presentó como texto médico, la revisión enciclopédica de las patologías de la emoción se formaba en partes iguales de ciencia, filosofía y literatura. Si bien consistía de citas de autoridades médicas de la antigüedad, como Hipócrates y Galeno, también estaba atestado de observaciones empíricas, historias de caso e ilustraciones empáticas de las angustias emocionales. La melancolía no se limitaba a la depresión, sino que englobaba a la ansiedad y a una variedad de quejas corporales, alucinaciones y delirios. En su lista, Burton incluso añadió la melancolía religiosa, o los defectos en sentimientos religiosos experimentados por «ateos, epicúreos e infieles».

La meta de Burton era deconstruir y hacer una disección de la melancolía, primero en términos de sus causas y síntomas y, después, en términos de sus curas, como se haría para cualquier otra enfermedad. Sus observaciones no distaban tanto de nuestra perspectiva moderna acerca de los trastornos de ansiedad, que causan que quienes la padecen se sientan acosados por preocupaciones, enfermos de

---

[2] Democritus Junior [Robert Burton], *The Anatomy of Melancholy*, 8a. ed. (Filadelfia: J. W. Moore, 1857 [1621]), https://books.google.com/books?id=jTwJAAAAIAAJ.

ansiedad y retorciéndose hasta que «el maléfico demonio del temor»[3] hace que se tornen «rojos, pálidos, temblorosos y sudorosos; ocasiona frío y calor repentinos que atacan al cuerpo, palpitaciones del corazón, síncope, etc.». Describió cómo las personas se «azoraban y pasmaban de temor».

Burton fue un candidato improbable para convertirse en «el primer psiquiatra sistemático», como lo llamó el finado historiador francoestadounidense Jacques Barzun. Sus estudios en Oxford fueron inusualmente prolongados, quizás a causa de un ataque de melancolía. Sus inacabables y demorados estudios incluyeron casi todas las ciencias de su época, desde psicología y fisiología, a astronomía, teología y demonología; todas las cuales guiaron su *Anatomía*.

El tomo digresivo y laberíntico se reimprimió no menos de cinco veces en el curso de su vida y lo leyeron luminarias a lo largo de siglos, incluyendo a Benjamin Franklin, John Keats (quien afirmó que era su libro favorito), Samuel Taylor Coleridge, O. Henry, el artista Cy Twombly y el escritor Jorge Luis Borges. Tanto Samuel Beckett como Nick Cave se refirieron a este con gran admiración.

La *Anatomía de la melancolía* fue una obra trascendental en la transformación de la ansiedad en enfermedad, pero la agitación de los siglos XVII y XVIII habrían de llevarla un paso más allá al localizar al infernal «maléfico demonio del temor» dentro de la mente en lugar de colocarlo en el alma, y al argumentar que las emociones irracionales podían controlarse solo a través del pensamiento racional. Después de

---

[3] *Ibid.*, pp. 163-164. Nota: la segunda cita del texto aparece en la página 164.

todo, esta era la Edad de la Razón, cuando mermó la fe en las explicaciones de la Iglesia.

No obstante, la mente posterior a la Ilustración, capaz de pensar, de imaginar el futuro y de construir la realidad, también era una mente vulnerable, alejada de la certeza medieval que ofrecía la fe. La ansiedad empezó a brotar entre esas fallas geológicas, en las que el libre albedrío chocaba con las vicisitudes del azaroso destino y de las pasiones impredecibles. Generaciones posteriores la llamarían *angustia existencial*.

De hecho, aquellos que vivieron a través de este cambio de paradigmas a menudo pagaron el precio en la moneda de la ansiedad. La Inglaterra del siglo XVIII era la sociedad más liberal, progresista y moderna del mundo entero, y sin embargo fue una en que la ansiedad y los problemas de salud mental parecían estar por todas partes. Las tasas de suicidio aumentaron exponencialmente durante el periodo; tanto así que al suicidio se le denominó «la enfermedad inglesa». Era como si esa sociedad libre e irrestricta se hubiese «enfermado de ansiedad e indecisión», como escribió François-René de Chateaubriand a finales de siglo.

Para muchas de las personas que vivían en el mundo occidental, el hecho de que la mente fuese libre, pero separada del alma celestial, era algo innegable, aunque también intolerable. Ahora surgió la necesidad de nuevos y modernos sanadores del alma. Los primeros psicólogos y psiquiatras, llamados *alienistas* y *mentalistas*, respondieron al llamado. Fueron ellos quienes solidificarían, y harían inevitable, la narrativa de la ansiedad como enfermedad.

LA MEDICALIZACIÓN DE LA ANSIEDAD:
DE LA FRENOLOGÍA AL «HOMBRE DE LAS RATAS»

A inicios del siglo XIX la comunidad médica se obsesionó con el tratamiento de lo que en aquel entonces se comprendían como padecimientos de la mente: la enfermedad mental. Las teorías seudocientíficas tales como la frenología, que estudiaba los chichones del cráneo para predecir rasgos emocionales y de la personalidad, dieron su inicio al debate «somatogénico» contra «psicogénico». El primero argumentaba que las enfermedades mentales se originaban en el cerebro y en el cuerpo —*soma* en latín— al igual que cualquier otra enfermedad. El lado psicogénico proponía que la enfermedad mental tenía sus orígenes en los estados psicológicos y en las experiencias tales como los traumas. En la parte final del siglo XIX Sigmund Freud fue el más conocido e influyente de los teóricos psicogénicos, a pesar de su entrenamiento como médico y de sus inicios en el bando somatogénico, donde se creía que la ansiedad y las enfermedades mentales eran fenómenos puramente biológicos.

Fuera de origen psicológico o biológico, la ansiedad era el centro de atención del creciente movimiento para tratar las enfermedades mentales con terapias estandarizadas y con medicamentos. De hecho, eso representaba una mejora; antes se pensaba que los ataques de ansiedad se debían a los «vahídos» y se trataban con sales aromáticas o, incluso, con exorcismos.

En el siglo XIX la histeria era uno de los diagnósticos más comunes para la ansiedad. Derivada de la palabra griega para «útero», se consideraba que la histeria era un problema femenino ocasionado por un «útero errante» que se movía sin ton ni son por el cuerpo, con lo que bloqueaba la sana circulación de los «humores». Emotiva a un grado exagerado y alterada de manera irracional, una persona histérica experimentaba una extraña mezcolanza de síntomas tan diversos como falta de aliento, desmayos, parálisis, dolores, sordera y alucinaciones. A pesar de los crecientes conocimientos médicos relacionados con la improbabilidad de un útero ambulante, Freud y sus colaboradores a menudo trataban la histeria. No obstante, lo hacían con relativo rigor científico, por medio de la psicoterapia para abordar los recuerdos y deseos reprimidos que se creía que eran la causa real de la histeria.

A pesar del hecho de que el tratamiento clínico de la histeria y otras formas de ansiedad se estaba volviendo más común y aceptado, los libros de texto de psicología y psiquiatría escritos en inglés no utilizaron el término sino hasta la década de 1930 y solo después de que se tradujera el tratado de 1926 de Freud *Hemmung, Symptom und Angst* al inglés con el título de *The Problem of Anxiety* en 1936.[4] Resulta interesante que Freud, al igual que sus compatriotas germanoparlantes, utilizaba el término *Angst*, palabra conocida desde su infancia. Sin embargo, la palabra *ansiedad* terminó por colarse en la conciencia de los angloparlantes. En 1947, después de las pérdidas catastróficas de dos

---

[4] Sigmund Freud, *The Problem of Anxiety*, traducción de Henry Alden Bunker (Nueva York: Psychoanalytic Quarterly Press, 1936), https://books.google.com/books?id=uOh8CgAAQBAJ.

guerras mundiales, W. H. Auden le dio nombre a la angustia de su era en su poema épico *The Age of Anxiety* (La edad de la ansiedad).[5]

Freud, al igual que el sinfín de terapeutas que lo sucedieron, creía que la ansiedad era una emoción de lo más común y saludable. No obstante, a medida que las teorías freudianas de la enfermedad mental empezaron a basarse cada vez más en el papel del trauma, de la represión y de las neurosis, todas las cuales producían ansiedad, se volvió central para el quehacer psiquiátrico. Casi no podía concebirse que existiese la enfermedad mental sin ansiedad.

Hablemos un poco acerca de uno de los estudios de caso más famosos de Freud, «El pequeño Hans». El paciente, cuyo nombre verdadero era Herbert, era hijo de un amigo de Freud, Max Graf, un famoso crítico musical de la época. De muy pequeño Herbert vio cómo un caballo que jalaba una pesada y cargada carreta colapsaba y moría en la calle. Después del suceso traumático, el pequeño de cinco años desarrolló un terrible miedo a los caballos y se rehusaba a abandonar la casa por temor a ver alguno, además de sentirse atormentado por la idea de que un caballo entraría y lo mordería por desear que se acostara y muriera.

En su informe del caso, publicado en su artículo de 1909, «Análisis de la fobia de un niño de cinco años»,[6] Freud

---

[5] W. H. Auden, *The Age of Anxiety: A Baroque Eclogue* (Nueva York: Random House, 1947).

[6] Sigmund Freud, «Analysis of a Phobia in a Five-Year-Old Boy», en *Two Case Histories ("Little Hans" and the "Rat Man")*, vol. 10 de *The Standard Edition of the Complete Psychological Works of Sigmund Freud* (Londres: Hogarth Press, 1909), pp. 1-150.

argumentó que el temor del niño a los caballos no estaba directamente relacionado con la muerte de uno en la calle. Más bien era un desplazamiento del temor que sentía por su padre hacia estos animales, cuyas anteojeras se asemejaban a un hombre que portaba lentes, cosa que hacía su padre. A nivel inconsciente, el pequeño deseaba que su padre desapareciera o muriera porque lo consideraba como un rival por el amor de su madre, a causa del llamado complejo de Edipo. Eso le provocaba ansiedad a Herbert, incluyendo el temor de que su padre lo castrara, lo cual podía resolverse solo por medio del mecanismo de defensa del desplazamiento; es decir, de transferir su temor por su padre hacia los caballos. Debido a que le resultaba intolerable experimentar esta animadversión hacia su padre, a quien amaba, el tratamiento buscó ayudarlo a expresar sus ansiedades con el fin de aliviarlas, como si se tratara de abrir una válvula de presión. Cuando Herbert pudo describir sus fantasías, su temor por los caballos desapareció, indicando la resolución de su ansiedad de castración y su aceptación por el amor que sentía hacia su madre.

Otro de los pacientes más famosos de Freud era conocido como el Hombre de las Ratas;[7] Freud describió sus obsesiones en su artículo de 1909, «A propósito de un caso de neurosis obsesiva». El paciente llevaba años sufriendo de preocupaciones obsesivas que le indicaban que alguna desgracia afectaría a sus familiares o amigos cercanos a menos que llevara a cabo conductas compulsivas específicas. Incluso

---

[7] Sigmund Freud, «Notes upon a Case of Obsessional Neurosis», en Freud, *Two Case Histories («Little Hans» and the «Rat Man»)*, pp. 151-318.

después de la muerte de su padre, seguía sintiéndose atormentado por la idea de que le sucedería algo terrible. Los síntomas del Hombre de las Ratas se asemejaban mucho a lo que en la actualidad denominaríamos trastorno obsesivo compulsivo o TOC.

Freud utilizó técnicas tales como la asociación libre para descubrir los recuerdos reprimidos que creía que motivaban estas preocupaciones obsesivas. Una memoria clave provenía de su servicio militar, cuando el Hombre de las Ratas se enteró de los terribles detalles de un método de tortura en el que encerraban a una persona en un contenedor lleno de ratas vivas. Las criaturas necesitaban abrirse paso a mordidas a través de la víctima para poder escapar. Esta imagen quedó grabada en la mente del pobre Hombre de las Ratas y era la tortura que temía que les sucedería a sus familiares o amigos. También creía que si podía pagarle a alguien para recoger paquetes de la oficina postal por él, podría prevenir el terrible destino de una manera u otra. Se tornaba cada vez más ansioso hasta que alguien lo ayudaba a completar el ritual mágicamente efectivo.

¿Qué pensaba Freud de las obsesiones del Hombre de las Ratas? Creía que eran el resultado de una ansiedad inhibida por completo diferente; el temor infantil reprimido de que su padre lo castigaría con severidad si se enteraba de que el Hombre de las Ratas había tenido experiencias sexuales tempranas con su institutriz de infancia. Cuando reprimió su temor al castigo, la hostilidad que sentía hacia su padre también quedó oculta en su inconsciente. ¿Y qué fue lo que hizo el Hombre de las Ratas con toda esa mezcla de ansiedades y hostilidad reprimida? Las reemplazó con el temor de que un destino estrafalario matara a su padre y, más adelante, a todos sus seres amados. Le llevó 11 meses a Freud sacar todas estas ansiedades de la oscuridad del inconsciente a la luz del consciente; pero una vez que lo logró, el Hombre de las Ratas supuestamente quedó curado de sus obsesiones.

Todos esos clásicos y peculiares estudios de caso freudianos evidencian que la ansiedad fue el fundamento de la teoría psicoanalítica, que dominó a la psicología y a la psiquiatría a lo largo de las primeras décadas del desarrollo del campo. La ansiedad era la base esencial de la enfermedad mental y, por ende, resultaba peligrosa.

No obstante, antes de que la ansiedad alcanzara su apoteosis final para transformarse en enfermedad, necesitaba medicalizarse o patologizarse, cosa que se logró por medio del *Manual diagnóstico y estadístico de los trastornos mentales* o DSM.[8]

El DSM define el panorama de la salud y la enfermedad mental. Es el sistema a través del cual se diagnostican los padecimientos mentales por medio de categorías que distinguen entre los diferentes tipos de trastornos de ansiedad y que los separan de otras enfermedades mentales, como el trastorno depresivo mayor y las psicosis. El primerísimo DSM se publicó a inicios de los cincuenta. Revisado de manera extensa al paso de las décadas hasta su actual quinta edición, ha cambiado en miles de formas. Sin embargo, una tendencia dominante determinó la forma en que concebimos la enfermedad de la ansiedad. En 1980 el DSM pasó

---

[8] *Diagnostic and Statistical Manual of Mental Disorders (DSM-5)* (Arlington, VA: American Psychiatric Association, 2017).

de centrarse en las dimensiones teóricas de la ansiedad, al llamar *neurosis de ansiedad* a cualquier problema que involucrara la ansiedad, a clasificar y definir los tipos diferentes de enfermedades relacionadas con la ansiedad con una lista de verificación de criterios para diagnosticar cada una de ellas. Por ejemplo:

¿Sientes un temor marcado o ansiedad acerca de dos (o más) de las cinco siguiente situaciones?

1) Usar el transporte público como automóviles, autobuses, trenes, barcos o aviones.
2) Encontrarte en espacios abiertos tales como estacionamientos, mercados o puentes.
3) Encontrarte en espacios cerrados tales como tiendas, teatros o cines.
4) Hacer cola o estar en una multitud.
5) Estar fuera de casa a solas.

Si es el caso, si evitas y tienes un temor desproporcionado ante estas situaciones y estos patrones persisten durante seis meses o más, según el ᴅsᴍ tienes agorafobia, el temor a los sitios públicos. No hay nada que preguntarse; la *tienes*, con una absoluta certeza médica, y debe tratarse como tal, con terapias y medicamentos específicos.

Utilizado sobre todo en Estados Unidos, el ᴅsᴍ ha sido adoptado ampliamente por clínicos, investigadores, agencias reguladoras, empresas farmacéuticas, profesionales de la ley, aseguradoras y más. Está en todas partes. Lo que no significa que el ᴅsᴍ sea malo o que no sirva para nada.

Diagnosticar un problema que está causando grandes alteraciones y que es fuente de sufrimiento humano es una manera eficaz de generar soluciones. No obstante, el *DSM* logró hacer que la narrativa de la ansiedad como enfermedad fuese tan completa, tan sistemática, que domina nuestra concepción actual de lo que es la ansiedad. Al medicalizar la ansiedad, supusimos que la hicimos comprensible y manejable, pero se nos olvidó que no siempre es una enfermedad.

EL PELIGRO DE LOS ESPACIOS SEGUROS

Otra de las consecuencias de la narrativa de la ansiedad como enfermedad es la idea de los «espacios seguros».

Un espacio seguro es un sitio literal o metafórico para que las personas se reúnan sin que se vean sujetas a prejuicios, conflictos, críticas o amenazas. Algunos de los espacios seguros más tempranos pueden rastrearse a las feministas y activistas gay de la década de los sesenta, cuando los espacios seguros eran sitios para que tales grupos marginalizados pudieran reunirse sin temor al prejuicio o al ridículo.

En la actualidad, es frecuente que haya espacios seguros en los campus universitarios, pero los primeros surgieron en el mundo corporativo estadounidense después de la Segunda Guerra Mundial, creados por uno de los padres de la psicología social, Kurt Lewin.[9] Como director del Centro de Investigaciones para la Dinámica de Grupos en el MIT en

---

[9] Kurt Lewin, *Resolving Social Conflicts, Selected Papers on Group Dynamics 1935-1946* (Nueva York: Harper, 1948).

los cuarenta, Lewin era bien conocido como experto en las interacciones de grupos pequeños y es gracias a él que utilizamos el término *dinámica social* y que les damos «retroalimentación» a nuestros colegas. Pero también fue el impulsor inicial de la «investigación-acción», en la que se implementan teorías en busca de la justicia social. En 1946 recibió el llamado del director de la Comisión Interracial de Connecticut, quien deseaba encontrar maneras efectivas de combatir los prejuicios religiosos y raciales. En respuesta, sus primeros talleres, que se llevaron a cabo como programas de capacitación de liderazgo para ejecutivos corporativos, establecieron las bases para lo que llamamos *capacitación en sensibilización* en la actualidad.

La suposición central de la capacitación en sensibilización, inspirada en la psicoterapia, era que un cambio dentro de un grupo social, tal como el lugar de trabajo, solo podía suceder cuando la gente podía desafiarse con franqueza y sin crítica dentro de grupos pequeños. Para crear estos espacios seguros en términos psicológicos, los participantes en la capacitación en sensibilización tenían que consentir a hablar con franqueza, guardar la confidencialidad y suspender sus juicios. Solo entonces podían discutir los prejuicios implícitos y comportamientos poco útiles de cada quien y señalar formas en que los mismos comprometían su liderazgo, dañaban a otros y alteraban a la organización.

El tema de la capacitación en sensibilización podía ser lo que fuera, pero dados sus orígenes en temas relacionados con el prejuicio racial y religioso, era frecuente que dichos temas fueran el centro de discusión. El punto del espacio seguro era liberar a las personas para que compartieran sus verdaderos pensamientos y sentimientos sin temor a que se les condenara, al tiempo que seguían comprendiendo que esperaban poder cambiar. De modo que cuando una ejecutiva blanca admite que se siente intimidada por su empleado varón negro, o cuando un ejecutivo negro admite que se siente enojado con una colega de origen asiático porque percibe que se está beneficiando del nepotismo en una manera en que no lo está haciendo él, comparten sus ideas con la creencia de que no se les tildará de racistas. La meta es dar y recibir una retroalimentación franca, y a veces difícil, con el fin de lograr un cambio.

La noción de los espacios seguros cambió de forma radical en el siglo XXI. Ahora está prohibido que los espacios seguros sean emocionalmente crudos porque se supone que deben proteger los sentimientos de las personas; en contra del racismo, del sexismo, de los prejuicios y del discurso de odio, así como en contra de las opiniones, debates y conflictos que puedan producirles angustia a algunas personas.

Es posible que un artículo de opinión de 2015 del *New York Times* haya sido el primer lugar en el que algunos de nosotros nos enteramos de los espacios seguros. En este, Judith Shulevitz describió una controversia que se dio en la Universidad Brown sobre el debate programado entre las autoras feministas Wendy McElroy y Jessica Valenti acerca del concepto de la cultura de la violación.[10] Valenti es par-

---

[10] Judith Shulevitz, «In College and Hiding from Scary Ideas», *New York Times*, 21 de marzo de 2015, https://www.nytimes.com/2015/03/22/opinion/sunday/judith-shulevitz-hiding-from-scary-ideas.html.

tidaria de la idea de que las actitudes sociales prevalecientes en Estados Unidos normalizan y trivializan los ataques y el abuso sexual, situación con la que no coincide McElroy. Algunos de los miembros del alumnado de Brown argumentaron que no debía invitarse a McElroy como oradora porque, fuera que asistieran o no al debate, su punto de vista les ocasionaría un daño emocional a los estudiantes, en especial a aquellos que fueran sobrevivientes de algún ataque sexual, así como a aquellos a quienes les perturbara su punto de vista.

Aunque fracasaron los esfuerzos por desinvitar a McElroy al debate, la presidenta de Brown, Christina Paxson, respondió a las preocupaciones del alumnado organizando una charla adicional acerca de la cultura de la violación, sin debate alguno, y creó un espacio seguro donde pudieran descansar y recuperarse aquellos que experimentaran el tema como alguna especie de desencadenante emocional. Hubo música tranquilizadora, galletitas, almohadas y cobijas, así como estudiantes y personal listos para ofrecer apoyo emocional. Algunos de los que acudieron al espacio seguro se sentían amenazados por los recuerdos de sus traumas personales, pero otros se sintieron amenazados por el dolor de la polémica relacionada con las conferencistas. Como se lo expresó una alumna que se refugió en el espacio seguro a la reportera del *New York Times:* «Me estaba sintiendo bombardeada por una diversidad de puntos de vista que van en contra de las creencias que más me importan y que más sostengo».

Vale la pena señalar que equiparar las opiniones discrepantes con el daño emocional es absolutamente contrario a la intención original de los espacios seguros. En la capacitación en sensibilización, los espacios seguros implican conversaciones difíciles que se ven facilitadas a través del autocontrol, la suspensión de juicios, la franqueza y la retroalimentación. La intolerancia y los prejuicios se señalan, no se evitan. Las conversaciones podrán resultar difíciles, en especial si las personas están siendo de verdad francas unas con otras. En contraste, los espacios seguros de la actualidad se han convertido en lugares donde las partes difíciles de la conversación se consideran peligrosas, por lo que se eliminan debido a que provocan ansiedad y angustia.

En el debate acerca de los espacios seguros existen dos puntos principales. Por un lado, está el tema de si la demanda de espacios seguros en los campus universitarios y la caracterización de las opiniones contrarias como emocionalmente dañinas infantilizan a los estudiantes y erosionan la libertad de expresión. Algunas personas argumentan que los espacios seguros contribuyen a formar cámaras de resonancia en las que nos rodeamos de personas que piensan igual que nosotros y que nos aíslan de ideas que desafían o contradicen las nuestras; una barrera al ideal democrático del libre intercambio de ideas.

Por otro lado, está el tema de si ciertas ideas emocionalmente angustiantes de verdad causan daños psicológicos. Aquí resulta pertinente la práctica de emitir advertencias de contenido. En esencia, estas advertencias indican que alguna obra contiene palabras, imágenes o ideas que podrían resultarles angustiosas a ciertas personas, en especial en el contexto de la violencia sexual y de la enfermedad mental.

Han formado parte de las comunidades en línea por años, principalmente para el beneficio de personas que padecen de trastorno por estrés postraumático y que quizás prefieran evitar cualquier cosa que pudiera recordarles sus traumas.

Pero es el uso más reciente de estas advertencias dentro del salón de clases el que ha «desencadenado» diversos debates. A algunos académicos les preocupa que este tipo de advertencia les esté enseñando a los alumnos a evitar las ideas que pudieran incomodarlos, con lo que están comprometiendo sus capacidades para participar de una manera racional con ideas, argumentos y puntos de vista que quizás les resulten desafiantes. Sin embargo, es por esa misma razón que tantos profesores son defensores acérrimos de estas advertencias de contenido. Creen que les ofrecen a los alumnos la oportunidad para prepararse ante el vívido recordatorio de algún trauma o tema que en potencia los angustie para que puedan controlar sus reacciones con el fin de seguir aprendiendo. En otras palabras, sienten que cuando un alumno se ve abrumado por una emoción poderosa, o por un recuerdo alucinatorio provocado por un trauma o un ataque de pánico, no se puede esperar que dicho alumno piense de manera racional, y mucho menos que aprenda.

Sin embargo, hasta el momento, la evidencia sugiere que las advertencias de contenido no sirven de nada cuando se trata del manejo de la angustia y que, incluso, pueden provocar ciertos daños. Un estudio de 2021 les proporcionó advertencias de contenido a un grupo de estudiantes universitarios y usuarios de internet antes de que vieran materiales negativos y comparó a estos participantes con otro grupo al que no se le dio ningún tipo de advertencia.[11] Los miembros de ambos grupos informaron de niveles parecidos de emociones negativas, intromisiones y evitación fuera o no que les hubieran advertido y fuera o no que hubieran informado a los experimentadores de antecedentes traumáticos. En un estudio de 2018 se asignó aleatoriamente a varios cientos de participantes para que recibieran advertencias de contenido o no antes de leer pasajes literarios que variaban en cuanto a su contenido en potencia alterador.[12] Los participantes en el grupo que recibió las advertencias informaron de *mayores* aumentos de ansiedad, en especial cuando creían que las palabras les podrían hacer daño. Esto sugiere que las advertencias de contenido bien pueden socavar la resiliencia emocional de forma equivocada e, incluso, producirles más angustia a algunas personas.

Incluir advertencias de contenido y mantenernos a salvo de las ideas, y de la ansiedad que pudieran ocasionarnos, parece ser poco benéfico, e incluso puede hacer que las cosas empeoren. Y si el hecho de que nos adviertan de algo no significa que estaremos más preparados para lidiar con ello, advertir acerca de los peligros de las emociones poderosas bien podría servir solo para perpetuar la creencia de que los sentimientos difíciles pueden causarnos daño.

---

[11] Guy A. Boysen *et al.*, «Trigger Warning Efficacy: The Impact of Warnings on Affect, Attitudes, and Learning», *Scholarship of Teaching and Learning in Psychology* 7, núm. 1 (2021): pp. 39-52, doi:10.1037/stl0000150.

[12] Benjamin W. Bellet, Payton J. Jones y Richard J. McNally, «Trigger Warning: Empirical Evidence Ahead», *Journal of Behavior Therapy and Experimental Psychiatry* 61 (2018): pp. 134-141, doi:10.1016/j.jbtep.2018.07.002.

LA EDAD DE LA ANSIEDAD

Desde la Iglesia medieval a la Edad de la Razón, y hasta los sagrados recintos de la medicina, se nos ha enseñado la narrativa de la ansiedad como enfermedad tan exhaustivamente que la tenemos memorizada a la perfección.

Cada era ha propuesto esta narrativa de la ansiedad a expensas de pensar en ella como una emoción humana normal. Nos convencieron de manera inexorable desde todos los flancos de que la ansiedad y el sufrimiento van de la mano. La ansiedad sigue siendo el «demonio maléfico del temor» de Burton.

Si te queda cualquier duda de ello, observa la forma en que la ciencia y los profesionales de la salud han convertido el control y la erradicación de la ansiedad en una industria casera, sea a través de la terapia, de los fármacos o de cursos de meditación. Hemos llevado a cabo miles de rigurosos estudios experimentales para desmenuzar la ansiedad, desarrollado terapias y medicamentos de referencia basados en la evidencia para amortiguar la emoción, y publicado cientos, si no es que miles, de libros de autoayuda que nos enseñan a manejarla. Y, sin embargo, en términos generales, todas estas soluciones no han logrado afectar las tasas de la angustia problemática y debilitante. La ansiedad sigue al alza y nuestros hijos pueden encontrarse en mayor riesgo. La buena noticia es que algunos de ellos están cuestionando lo que se les ha dicho acerca de la ansiedad. Parecen saber que algo no cuadra.

Me percaté de esto de primera mano cuando me reuní con un grupo de alumnos de educación media un soleado día de invierno en Manhattan. Cada año los administradores de las escuelas públicas eligen a un consejo estudiantil que se dedica a identificar y entregarse a una misión que tenga un elevado potencial de tener un impacto positivo. Se me invitó a servir como asesora del consejo estudiantil del Distrito Segundo porque la misión que eligieron fue proponer mejoras en los servicios de salud mental de las escuelas.

Pronto averigüé que estos chicos de entre 12 y 14 años de edad eran de lo más ambiciosos. Se dividieron en tres grupos de trabajo, cada uno con una meta específica: uno de los grupos estaba centrado en convencer a los legisladores de financiar servicios de orientación entre pares, otro en obtener fondos del consejo de la ciudad para contratar a un mayor número de orientadores para sus escuelas y el tercero en lograr que los representantes estatales propusieran leyes que requirieran un mayor financiamiento en salud mental para todas las escuelas del estado.

¿Por qué elegir una meta así de ambiciosa? Porque, según me dijeron, después de observar a los estudiantes de educación media superior, solo algunos años mayores que ellos, vieron la enorme cantidad de problemas que estaban teniendo; muchos de ellos a causa de la ansiedad, pero muchos otros a causa de la depresión, las adicciones y los comportamientos de autolesión. Una de sus preocupaciones principales era obtener la atención necesaria para esos estudiantes, pero también querían obtener el apoyo de adultos y profesionales *ahora*, durante su educación media, antes de que los problemas de verdad aumentaran.

Los adultos, sin embargo, no estaban ayudándolos de la manera en que lo habían esperado. Los chicos ya se habían enfrentado a una variedad de noes de su parte; «no, no contamos con el presupuesto para eso; no, eso es hacer las cosas con demasiada premura; no, eso es imposible». Para complicar las cosas, incluso aquellos adultos con las mejores intenciones no parecían tener las respuestas. Además, cuando veían que los chicos lidiaban con la ansiedad, entraban en pánico y se comportaban como si quisieran eliminar cualquier rastro de ella, como si la ansiedad fuera alguna aflicción y quisieran extraerla, como una especie de diente careado. No estaba ayudando en nada.

Una de las alumnas puso el dedo en la llaga cuando dijo: «Los adultos que de verdad tratan de ayudarnos no saben qué hacer. Actúan como si pudieran desaparecer nuestra ansiedad, pero forma parte de nosotros, de modo que ¿*pueden* hacerla desaparecer? ¿*Deberían* hacerlo?».

Hasta que podamos responder que no a ambas preguntas, estaremos condenados a contarnos la narrativa incorrecta respecto a la ansiedad; y a cometer el terrible error de tratar de deshacernos de ella constantemente.

5

CÓMODAMENTE INSENSIBLE

«**V**IVIMOS RODEADOS DE ALARMA; la ansiedad ensombrece el futuro, esperamos algún nuevo desastre con cada periódico que leemos».

¿Qué mejor descripción de la manera en que nos sentimos durante estas primeras décadas del siglo XXI; un tiempo de pandemia global, de desinformación viral, de turbulencia política, de desigualdad económica y bajo la amenaza de una irreversible destrucción ambiental?

Estas son las palabras que pronunció Abraham Lincoln varios años antes de la Guerra Civil, otro periodo agitado y devastador de la historia de Estados Unidos.

Ansiedad, tanto entonces como ahora, era la palabra que explicaba el dolor de nuestros temores e incertidumbres. Incluso le prestó su nombre a nuestra era desde que W. H. Auden publicó su poema épico *The Age of Anxiety*[1] en 1947 y millones de personas todavía se encontraban sufriendo el impacto de dos guerras mundiales.

Quizás eso se deba a que muchos de nosotros ya no somos capaces de hacer uso de la fe, de los vínculos comu-

---

[1] W. H. Auden, *The Age of Anxiety: A Baroque Eclogue* (Nueva York: Random House, 1947).

nitarios o del apoyo de nuestras instituciones, los tradicionales baluartes de la certeza, para manejar las ansiedades. Pero debemos manejarlas, de modo que recurrimos a las autoridades en las que todavía creemos, a los sumos sacerdotes del mundo moderno: a los científicos y a los médicos. La mayoría se ve motivada por la más loable de las metas: aliviar el dolor; pero cuando de ansiedad se trata, nos han decepcionado a todos. De forma espectacular.

Al igual que todos nosotros, los profesionales médicos han llegado a creer en la narrativa de la ansiedad como enfermedad y la han llevado al siguiente nivel, ideando maneras garantizadas para librarnos de nuestras preocupaciones y angustias... solo por un tiempo.

En gran medida, este «logro» se debe al milagro de la farmacéutica moderna que, en términos literales, elimina incluso el más mínimo susurro de ansiedad. Estos medicamentos nos tranquilizan y nos sedan.

A lo largo de los últimos 60 años y más, han tomado el papel protagónico en nuestra relación con la ansiedad. Incluso bajo una nube negra de controversia y debate, su absoluta ubicuidad ha creado una cierta mentalidad en todos los niveles de la sociedad; cuando experimentamos cualquier tipo de dolor emocional, tomamos una pastilla para mitigarlo.

Nos han convencido de que el mejor abordaje para lidiar con la ansiedad es volvernos cómodamente insensibles.

UNA BREVE HISTORIA DE LA CALMA QUÍMICA

En la primera mitad del siglo xx los barbitúricos —sedantes y tranquilizantes— eran las medicinas de elección para suprimir la ansiedad. Sin embargo, al tomarse en grandes dosis, los barbitúricos dejaban a las personas inconscientes y limitaban su respiración y otras funciones vitales. Además, eran fuertemente adictivos. A causa de ello, en la actualidad se utilizan en esencia en circunstancias controladas; por ejemplo, como anestésicos generales para cirugía. No obstante, en los años cincuenta y sesenta era frecuente que los médicos recetaran barbitúricos a sus pacientes como tratamiento para la ansiedad, la angustia emocional y los problemas de sueño. A medida que fue aumentando el número de recetas, también lo hicieron las sobredosis, accidentales y con propósitos suicidas. Tanto Marilyn Monroe como Judy Garland murieron por una sobredosis de barbitúricos. Por desgracia, los médicos que buscaban adormecer el dolor emocional de sus pacientes tenían pocos medios seguros para lograrlo.

El químico Leo Sternbach cambió todo eso.[2] En la década de los cincuenta lideró un equipo de investigación para la empresa farmacéutica Hoffmann-La Roche en busca de un tranquilizante menos mortal. Después de años de no tener éxito, la empresa les indicó que dejaran de trabajar en el asunto. En una muestra de rebeldía, Sternbach se rehusó a limpiar su laboratorio, el cual quedó intacto por más de dos años. Un colega al que se envió para al fin ponerlo en orden

[2] Jeannette Y. Wick, «The History of Benzodiazepines», *Consultant Pharmacist* 28, núm. 9 (2013): pp. 538-548, doi:10.4140/tcp.n.2013.538.

notó un compuesto «agradablemente cristalino» entre el desastre que dejó Sternbach. Resultó ser clordiazepóxido, que al someterse a prueba reveló tener poderosos efectos sedantes sin afectar la respiración. En 1960 Hoffmann-La Roche empezó a comercializarlo como Librium y, al paso de los años siguientes, lo refinó para crear el Valium (diazepam) en 1963, nombrado así por la palabra latina *valere* (ser fuerte).

Ambos fármacos fueron enormemente exitosos y para 1970 habían reemplazado a casi todos los anteriores tranquilizantes y sedantes. Los profesionales de la medicina estaban encantados; las benzodiacepinas eran menos peligrosas y adictivas que los barbitúricos. Podían amortiguar el sufrimiento de sus pacientes sin los riesgos y los efectos secundarios. Para mediados y finales de la década de los setenta las benzodiacepinas estaban al tope de las listas de «medicamentos más prescritos»,[3] con 40 000 millones de dosis consumidas al año en todo el planeta. El Valium se volvió tan popular que los médicos se referían a él solo como «V». La prescripción de benzodiacepinas alcanzó su nivel máximo entre 1978 y 1979, y los estadounidenses consumieron 2.3 mil millones de tabletas de Valium en cada uno de esos años.[4] Entró en el léxico popular y dio inicio a toda una cultura de afrontamiento químico: los Rolling Stones lo inmortalizaron como «el pequeño ayudante de mamá» que la ayudaba a «sobrevivir su ajetreado día», mientras que los del *jet-set* corporativo lo llamaban «Excedrin ejecutivo» porque

---

[3] *Idem.*

[4] «Leo Sternbach: Valium: The Father of Mother's Little Helpers», *U.S. News & World Report*, 27 de diciembre de 1999.

aliviaba el estrés de los viajes frecuentes en diferentes husos horarios. Otras empresas farmacéuticas hicieron lo propio y desarrollaron y patentaron sus propias benzodiacepinas. El número ha seguido creciendo continuamente, de modo que, al día de hoy, existen casi 35 versiones diferentes aprobadas para su uso dentro y fuera de Estados Unidos.

Estas empresas inundaron el mercado con benzodiacepinas por 15 años antes de que los investigadores siquiera entendieran cómo funcionaban (resultó que modificaban el principal neurotransmisor cerebral, el ácido gamma-aminobutírico o GABA, por sus siglas en inglés). A pesar de estos mayores conocimientos, el entusiasmo de los clínicos se vio reemplazado por preocupación a medida que fueron testigos de más ejemplos de dependencia, sobredosis y potencial de abuso de los fármacos durante los ochenta y noventa. Por ejemplo, Hoffmann-La Roche observó que su muy eficaz pastilla para dormir, Rohypnol, otra de las moléculas de Sternbach, se llegó a conocer mejor como los «rufis», la droga de las violaciones en citas. La empresa tuvo que cambiar su formulación para que no se disolviera con tanta facilidad y, además, para que tiñera los líquidos de azul como advertencia para las víctimas potenciales.

Los profesionales de la salud estaban percatándose del hecho de que aunque los fármacos como Valium, Ativan y Xanax pudieran ser más seguros que los barbitúricos, se encontraban muy lejos de ser benignos. Su peligro radica en diversos factores. De entrada, las benzodiacepinas son depresores del sistema nervioso y, aunque no detienen la respiración ni inducen la inconsciencia con la misma facilidad con la que lo hacen los barbitúricos, sí reducen significativamente estas funciones, al tiempo que menoscaban la toma de decisiones de nivel superior y el control motor. Además, a medida que aumenta su uso, terminan por ocasionar dependencia emocional y adicción física. Es posible que la gente empiece a tener que tomar dosis cada vez mayores del fármaco con el fin de obtener el mismo efecto y que encuentren que se quedan dormidas al volante, que empiezan a «arrastrar» las palabras, que pierden la memoria y que se confunden. Todavía peor, al combinarse con otros medicamentos, tales como opioides o alcohol, peligrosos efectos sinérgicos pueden llevar a urgencias cardiacas, coma y muerte. Un segundo peligro es su potencial de adicción psicológica. Bajo su influencia, la gente se siente tranquila. A nivel intrínseco, hay pocas experiencias tan gratificantes como esa, de modo que resulta poderosa la motivación a tomar cantidades superiores del medicamento para encontrar todavía mayor alivio emocional.

Alguna vez pensados como los medicamentos milagrosos que salvarían vidas y aliviarían el sufrimiento, las benzodiacepinas dejaron de ser los «buenos» entre los fármacos psicoactivos modernos. Sin embargo, a pesar de todo eso, siguen existiendo.

Las muertes por sobredosis de benzodiacepinas se cuadruplicaron entre 2002 y 2015, una tendencia impulsada por un aumento de 67% en prescripciones.[5] En la actua-

---

[5] «Overdose Death Rates», National Institute on Drug Abuse, 29 de enero de 2021, https://www.drugabuse.gov/drug-topics/trends-statistics/overdose-death-rates.

lidad, los medicamentos tales como el Xanax son una industria de muchos miles de millones de dólares y en 2020 alcanzaron los 3.8 mil millones de dólares en ventas tan solo en Estados Unidos. El uso de benzodiacepinas por corto tiempo para controlar los trastornos de ansiedad, en combinación con terapia, es el tratamiento de referencia; sin embargo, eso no es lo que sucede la mayoría del tiempo. Más de 30% de adultos estadounidenses de más de 65 años de edad toman benzodiacepinas más tiempo del que está indicado y cerca de 20% de adultos más jóvenes hacen lo mismo. Debido a que el efecto tranquilizador de las benzodiacepinas puede experimentarse después de una sola dosis, a diferencia de otros medicamentos, como los antidepresivos, que requieren de un uso continuo durante un mes o más para empezar a sentir los beneficios, tomar una benzodiacepina para «calmar las cosas un poco» se ha convertido en un estilo de vida. Mientras más se usan las benzodiacepinas, más probable es que nos volvamos emocional y físicamente dependientes de ellas y más difícil es dejar de usarlas. Es común que las personas que dejan de utilizar estos medicamentos de manera gradual experimenten sensaciones de abstinencia física y un rebote de su ansiedad y nerviosismo. Eso hace que muchas de ellas regresen a tomar las pastillas.

A pesar de que cada vez hay mayor conciencia en cuanto a que estos fármacos son adictivos y potencialmente peligrosos, es fácil ignorar las banderas rojas y demás señales de advertencia de la adicción. Es difícil vernos a nosotros mismos como adictos cuando contamos con la receta de un médico o cuando tomamos el medicamento «solo cuando lo necesitamos».

Para comprender el peligro potencial de las benzodiacepinas deberíamos considerar la proliferación de otro tipo de analgésico: los opioides. Es frecuente que las benzodiacepinas y los opioides se tomen juntos: las primeras para aliviar la angustia emocional y las segundas para aliviar todo lo demás. No es que los médicos las receten a un mismo tiempo: advierten seriamente a sus pacientes que *no* las tomen juntas por sus peligrosos efectos sinérgicos, que aumentan el riesgo de muerte por sobredosis. En 2019 el Instituto Nacional sobre el Abuso de Drogas de Estados Unidos informó que la tercera clase de medicamentos recetados que se asociaba con muertes por sobredosis eran las benzodiacepinas; la número uno y dos eran los opioides oxicodona e hidrocodona.[6]

¿Cómo es que llegamos a este punto en el que el alivio del dolor es la primera causa de muerte por sobredosis de medicamentos?

EL NEGOCIO DE AMORTIGUAR EL DOLOR

Si necesitamos mayor evidencia del deseo generalizado de nuestra sociedad por erradicar todo tipo de dolor, sea físico, emocional o psicológico, no tenemos que ver mucho más allá de la crisis de los opioides. En esta búsqueda por

---

[6] *Idem.*

reducir la incomodidad, millones de nosotros terminamos sufriendo más de lo que jamás pudimos haber imaginado.

Los opioides funcionan al adherirse a los receptores de las células, donde emiten señales que, de hecho, reducen la percepción del dolor y potencian nuestras sensaciones de placer. La Administración de Alimentos y Medicamentos de Estados Unidos (FDA) los ha regulado desde el principio del siglo XX para el tratamiento del dolor agudo y del dolor provocado por cáncer. Sin embargo, pasaron de ser un tema de cuidado, dado su potencial reconocido de abuso y adicción, a causar la epidemia más mortífera del siglo XXI.

Durante el momento más álgido de la crisis de los analgésicos había suficientes pastillas en Estados Unidos como para que la mitad de la población nacional pudiera tomarse una;[7] el doble de volumen de opioides que las autoridades sanitarias consideraban como normal antes de que iniciara el *boom* de recetas a finales de los noventa. Para ponerlo en perspectiva, Estados Unidos, que tenía 5% de la población mundial, estaba consumiendo 80% de los opioides prescritos en todo el planeta. En Estados Unidos, de 1999 a 2019,[8] murieron casi 247 000 personas a causa de una sobredosis de opioides recetados. Tan solo en 2019 murieron más de 14 000 personas, un promedio de 38 al día, más de la mitad de las cuales eran adolescentes.

---

[7] «Understanding the Epidemic», Centers for Disease Control and Prevention, 17 de marzo de 2021, https://www.cdc.gov/opioids/basics/epidemic.html.

[8] «Overdose Death Rates», National Institute on Drug Abuse.

Esto se dio a una escala jamás antes vista. Las muertes relacionadas solo con opioides prescritos se elevaron en más de cuatro veces de 1999 a 2019. Además, las víctimas no parecían ajustarse a nuestra imagen colectiva del «tipo de persona» que moría a causa de una sobredosis.

Los opioides estaban matando a nuestras madres, padres, hermanos, hermanas e hijos. Estaban matando a los más famosos entre nosotros: a Heath Ledger en 2008, a Michael Jackson en 2009 y a Prince en 2016. En 2017 el Departamento de Salud y Servicios Humanos de los Estados Unidos declaró que el abuso de opioides, donde unieron los analgésicos de prescripción y la heroína en una sola categoría, representaba una emergencia de salud pública.

¿Qué había cambiado? Una sola cosa: la industria farmacéutica. Purdue Pharma, fabricante del opioide de prescripción más recetado, OxyContin, generó la crisis de opioides casi sin ayuda de nadie más. Esta empresa no solo sobornó a diferentes médicos para que recetaran su producto, tentándolos con viajes gratuitos y pagando por que dieran conferencias, sino que también hizo afirmaciones falsas que indicaban que su formulación de «liberación prolongada» tenía un muy bajo potencial de abuso; a pesar del hecho de que la evidencia científica sustentaba la conclusión contraria.

Los médicos cerraron los ojos y siguieron extendiendo recetas. Purdue Pharma estaba más que al tanto de que se estaban cometiendo abusos con el OxyContin, incluyendo el hecho de que «las pastillas se estaban triturando para inhalarse,[9] se estaban robando de diferentes farmacias y se estaba acusando a algunos médicos de vender recetas», según Barry Meier del *New York Times*. De todos modos, la empresa continuó e, incluso, alentó estas prácticas. Una serie de demandas legales detuvo a Purdue Pharma y a la familia Sackler, dueña y operadora de la empresa, de seguir con sus prácticas abusivas, pero los miles de millones de dólares en multas no podían borrar el daño ya hecho.

Al igual que en el caso de la proliferación y el peligro de las benzodiacepinas, la crisis de los opioides es un reflejo directo de la manera tan persistente en que se nos presiona para utilizar medicamentos con el fin de aliviar el dolor tanto emocional como físico, y lo dispuestos que estamos a aceptar las soluciones que nos ofrecen. En muchos sentidos, la crisis de los opioides fue la apoteosis de nuestra marcha de décadas hacia el rechazo de cualquier experiencia de dolor. Sin embargo, cuando se trató de la explosión de las adicciones y muertes ocasionadas por benzodiacepinas, no hubo una sola y malévola empresa farmacéutica que fungiera como cabecilla. No fue nada así de dramático. No obstante, el uso de estos medicamentos empezó lo que los opioides terminaron por concretar: la aceptación de una calma química. Aunque los médicos se esfuerzan por aliviar el sufrimiento, se les olvidó, si es que alguna vez lo supieron, que la ansiedad no es el tipo de incomodidad que debe erradicarse. Debería, y debe, encararse y manejarse si se pretende aliviarla y darle un buen uso.

---

[9] Barry Meier, «Origins of an Epidemic: Purdue Pharma Knew Its Opioids Were Widely Abused», *New York Times*, 29 de mayo de 2018, https://www.nytimes.com/2018/05/29/health/purdue-opioids-oxycontin.html.

«Me sentía como Superman»

Siglos de historia nos convencieron de que la ansiedad es una enfermedad. Décadas del mismo sistema de salud nos han convencido de que cuando tenemos cualquier tipo de dolor emocional o físico deberíamos tomar alguna pastilla. Para comprender lo que eso significa para el futuro, debemos voltear la mirada a los vanguardistas de los años por venir: los adolescentes.

En cualquier año dado, 18% de los adolescentes tendrá que lidiar con una ansiedad debilitante.[10] En Estados Unidos eso equivale a cerca de 40 millones de chicos en la actualidad. Están más que conscientes de su problemática: un informe de febrero de 2019 del Centro de Investigaciones Pew mostró que 96% de los adolescentes encuestados creía que la ansiedad y la depresión eran un problema significativo entre sus pares, con 70% que afirmó que era un problema principal.[11] Así también, las decenas de millones de personas diagnosticadas con un trastorno de la ansiedad antes de cumplir los 18 años de edad tienen muchas más probabilidades de sufrir de ansiedad continuada, depresión, adicciones y problemas médicos en su adultez. La ansiedad adolescente es el portal a la salud tanto presente, como futura, buena y mala, de nuestra sociedad.

---

[10] «Mental Illness», National Institute of Mental Health, https://www.nimh.nih.gov/health/statistics/mental-illness.

[11] Juliana Menasce Horowitz y Nikki Graf, «Most U.S. Teens See Anxiety and Depression as a Major Problem Among Their Peers», Pew Research Center, 20 de febrero de 2019, https://www.pewresearch.org/social-trends/2019/02/20/most-u-s-teens-see-anxiety-and-depression-as-a-major-problem-among-their-peers/.

Resulta evidente que algo cambió y que muchos de nosotros, seamos padres de adolescentes o no, creemos que no podemos darnos el lujo de seguir ignorando las señales. Al mismo tiempo, empeoramos el problema contando narraciones desalentadoras acerca de estos chicos: que los miembros de la Generación Z, junto con los *Millennials*, están emocionalmente inutilizados, que son unos consentidos, y que son flojos y adictos a las pantallas. Pero calumniarlos es solo una manera de enterrar nuestros propios temores; nos da miedo que nuestros futuros ciudadanos y líderes sean constitucionalmente incapaces de manejar el mundo que les entreguemos. También nos atemoriza que la ansiedad de nuestros jóvenes impida que logren triunfar en el mundo cada vez más competitivo en el que, argumentarán muchos, el sueño afiebrado de la meritocracia estadounidense de «trabaja duro y alcanzarás la cima del éxito» está a punto de morir. Una estudiante de una institución de educación media superior para talentosos y superdotados de Manhattan lo expresó de la siguiente manera: «Los adultos nos hacen acudir a la oficina del orientador tan pronto empiezan a bajar nuestras calificaciones o si empezamos a ponernos nerviosos acerca de los exámenes. Creo que los hace sentir ansiosos que estemos ansiosos. Tienen miedo de que metamos la pata».

Los chicos entendieron el mensaje: mantén esa ansiedad oculta. ¿Qué mejor opción que mediante el control químico?

De hecho, el lugar común del ama de casa suburbana estresada que tomaba Valium en secreto (y quizás uno que otro martini) para lograr sobrevivir el día se ha visto reemplazado por el adolescente.estresado que saca pastillas de

Ativan o de Xanax de su casillero escolar. ¿Ansioso por ese examen? Échate un Xani. La urgencia por adormecer nuestros sentimientos con pastillas ha hecho que el mundo sea un lugar más peligroso, en especial para los jóvenes.

Se puede comprobar esta tendencia en el lugar menos probable. En 2019 el sitio web Complex destruyó por completo las suposiciones acerca de las víctimas de la crisis de las benzodiacepinas con una investigación periodística que llamó «Bares: la relación adictiva entre el Xanax y el hip hop».[12] En el video mostraron historias de músicos y sus amigos que se volvieron dependientes del Xanax y otras benzodiacepinas en un esfuerzo por medicar sus ansiedades con el fin de acabar con ellas. Como dijo un hombre: «Me sentía como Superman. Por lo general, me siento ansioso; pero cuando lo usas, sientes que nadie podría detenerte». Tan comunes eran estos medicamentos que para mediados de la década de 2010 un rapero tomó su nombre artístico de su fármaco de preferencia: «Lil Xan», por el Xanax.

Jared Anthony Higgins, de 18 años de edad, conocido a nivel profesional como Juice WRLD, no era ningún rapero *gansta*, era vulnerable y brutalmente franco acerca de sus emociones. En su canción «Righteous», Juice WRLD pasa en segundos de describir lo poderoso que se siente en su traje Gucci blanco a la manera en que se medica con «cinco o seis pastillas en mi mano derecha, ajá / la codeína rebosa

---

[12] Angel Diaz, «Bars: The Addictive Relationship with Xanax & Hip Hop | Complex News Presents», Complex, 28 de mayo de 2019, https://www.complex.com/music/2019/05/bars-the-addictive-relationship-between-xanax-and-hip-hop.

sobre mi mesa de noche» con tal de lidiar con «mi ansiedad del tamaño de un planeta». La solución no funciona porque, como explica en «Bad Energy», otra canción acerca de tratar de erradicar el dolor emocional con medicamentos, «no puedo explicar el sentimiento / Siento que ya estoy perdiendo / Aunque vaya ganando».

La terrible tragedia es que, de hecho, terminó por perder. Para finales de 2019 Juice WRLD y varios otros raperos emo prominentes, incluyendo a Lil Peep, habían muerto a causa de sobredosis de benzodiacepinas y analgésicos, a la edad de 21 años.

Cuando las luces se apagaron y subió el telón en el Lyceum Theater de Broadway, el actor Will Roland, en el papel del torpe y dolorosamente ansioso adolescente Jeremy Heere, empezó a cantar las primeras frases de «More than Survive» junto con lo que pareció ser más de la mitad del público, que se sabía cada palabra de la canción acerca de tener que mirar con ansiedad por el cañón de otro día miserable de escuela: «Si no me siento raro o superextraño / Mi vida sería un absoluto desastre / Porque azotarme es mi estado normal». Era 2019 y era la primera canción del musical *Be More Chill*.

La trama se centra en torno a Jeremy, un nerd socialmente inadaptado, ansioso e inquieto a quien le ofrecen una «píldora» computarizada llamada Squip, que reprograma su cerebro para que «sea más relajado» y pueda congeniar con los chicos más populares. No hace falta pensar mucho para darse cuenta de que tomar el Squip es la versión digital de echarse un Xani.

El Squip «ayuda» a Jeremy con su ansiedad, indicándole exactamente qué hacer para ganar amigos e influir en las personas, y lo hace de una manera que solo es visible para él, en la forma del tipo genial ideal de Jeremy: el personaje de Keanu Reeves en *Matrix*. No tarda en suceder lo peor. Todos los que toman el Squip para sentirse más relajados —y se da un crecimiento exponencial en las cifras—, terminan por convertirse en una especie de zombis o personas vaina como en *Los usurpadores de cuerpos*, y peor aún, si acaso es posible, no tardan en tener una especie de «problema técnico» y quedar en coma. Jeremy se percata de que la gente hará lo que sea, incluso poner en riesgo su vida, con tal de eliminar su ansiedad.

¿Cuál es la razón por la que esta obra idiosincrática generó tal amor por parte de sus fanáticos? Mi opinión es que es un espejo muy franco de la vida de los jóvenes y les dio la posibilidad de elegir el camino a seguir: te darán Squips para lidiar con tu ansiedad, pero no estás obligado a tomarlos. Puedes sentirte raro e incluso puedes azotarte, pero de todos modos puedes seguir estando bien.

¿Por qué el resto de nosotros no es capaz de enviarles este mensaje a los chicos? Porque nos convencieron con la historia de que borrar la ansiedad y volvernos cómodamente insensibles es la mejor, y quizás única, solución. Y no solo es a través de medicamentos. Nosotros y nuestros hijos nos hemos visto consumidos por una de las herramientas más poderosas jamás creadas para evitar y escapar de los sentimientos de ansiedad e incomodidad. Está justo al alcance de nuestra mano.

6

¿CULPAR A LAS MÁQUINAS?

L A ANSIEDAD Y LA TECNOLOGÍA digital parecen estar ine-vitablemente vinculadas. Aunque es frecuente que su-pongamos que un exceso de tiempo de pantalla y las redes sociales causan ansiedad, las conexiones entre estos aspectos generalizados de la vida moderna son mucho más complejos de lo que imaginamos.

Por una parte, los dispositivos nos permiten escapar de nuestras ansiedades y preocupaciones; en segundo lugar, podemos refugiarnos en un universo de opciones: participar en algún juego que nos distraiga, comunicarnos con papá, comprar una nueva manguera para el jardín, descargar nuestro programa favorito de televisión o hacer algo de trabajo. Por otro lado, las investigaciones muestran que cuando nos vemos absorbidos por las pantallas, es frecuente que terminemos sintiéndonos más ansiosos, aislados y agotados que antes de que lo hiciéramos. En especial es el caso cuando nos sentimos obligados a obedecer a las alarmas, campanas y notificaciones que nos indican que revisemos la sección de noticias de nuestras redes; cuando estiramos la mano para tomar el teléfono que está junto a la cama en el momento en que nos despertamos, como lo haría un fumador con un cigarro; cuando incluso en los momentos más breves de silencio, aburrimiento o angustia sentimos el impulso de desplazarnos por una lista infinita de información.

Esa es la razón por la que hemos llegado a pensar que nuestros teléfonos son adictivos. Sin embargo, a diferencia de los fármacos, los dispositivos no necesariamente desencadenan las señales características de una adicción, como la tolerancia, cuando necesitamos usar más de lo que sea para obtener el mismo resultado, o la abstinencia, los dolorosos síntomas físicos que surgen cuando dejamos de utilizarlos. Pero muy aparte de si la metáfora de la adicción es adecuada o no, las tecnologías digitales no son tan distintas a las benzodiacepinas; las utilizamos para escapar del dolor del momento presente; pero si nos enganchamos con ellas, terminamos sintiéndonos peor. Y, como en el caso de los fármacos que producen una calma química, los dispositivos pueden evitar que busquemos formas benéficas para manejar la ansiedad. Y ahora veremos cómo es que lo logran: primero, dándonos un modo atractivo de escapar de la ansiedad, aunque sea por un tiempo, y, más adelante, de manera cuidadosamente intencional, alentándonos a regresar por más, incluso cuando el escape deja de funcionar.

LAS MEJORES MÁQUINAS PARA ESCAPAR

Cuando nos sentimos ansiosos gravitamos hacia aquellas experiencias que amainan los sentimientos de desagrado. ¿Qué sirve tal propósito de manera más inmediata y más sencilla que los dispositivos móviles? Utilizamos estas diminutas máquinas para escapar, guardadas con cuidado en nuestros bolsillos y bolsas, apretadas entre nuestras manos a donde quiera que vayamos, de incontables formas. Nos sacan de la experiencia que estemos teniendo en el presente y nos llevan a otra parte; eso no puede ser tan malo. No obstante, cuando evadimos habitualmente los sentimientos de ansiedad, se detona la paradoja de la evitación y es casi seguro que nuestra ansiedad aumente. Pero no todo el tiempo digital fue creado igual y, el hecho de que las tecnologías digitales aumenten o no la ansiedad depende de cómo las utilizamos.

Analicemos el caso de las redes sociales, uno de los aspectos más exhaustivamente investigados de la vida digital. Hay dos maneras en que podemos utilizarlas: de forma activa o pasiva. El uso activo es compartir de forma deliberada «contenidos»; lo que sea, desde enviarle un mensaje de texto a alguna amistad o pelearnos con nuestro archinémesis en Twitter, hasta publicar fotos con nuestros familiares o el video más reciente de cómo dominas el ukulele para que puedan verlo tus 63 seguidores. Por el contrario, el uso pasivo carece de toda esta creatividad y gracia. En el caso del uso pasivo no tenemos que compartir nuestra personalidad ni nuestros talentos, no tenemos que expresar pensamientos o sentimientos, no tenemos que comprometernos con ninguna creencia. Solo consumimos de modo casual; nos paseamos por la web, leemos las noticias de las redes sociales o compartimos el contenido que publicaron otras personas. Parecería de lo más inocuo y, en el peor de los casos, una simple pérdida de tiempo. O tal vez sea igual que comer papitas fritas: mecánicamente y sin esfuerzo, pero antes de que te des cuenta, ya te comiste la bolsa entera y lo único que te queda es un dolor de estómago.

¿De verdad hace alguna diferencia la forma en que utilizamos las redes sociales? Una década entera de investigaciones ha arrojado algunas respuestas, aunque no son del todo sencillas.

Una encuesta a gran escala aplicada a 10 000 adolescentes islandeses exhibió algo que podría ser significativo.[1] Los investigadores les pidieron que reportaran todas las formas activas y pasivas en las que utilizaban las redes sociales en el curso de una semana, así como cualquier síntoma de ansiedad y depresión que experimentaran. Resultó que cuando pasaban más tiempo usando las redes sociales de manera pasiva, también se sentían más ansiosos y deprimidos; incluso cuando se sentían socialmente apoyados por otros y tenían una fuerte autoestima. Por el contrario, cuando pasaban más tiempo usando las redes sociales de forma activa, se sentían menos ansiosos y deprimidos. No importaba la cantidad de tiempo que pasaran viendo sus noticias en redes sociales, lo que importaba era lo que estaban haciendo en ellas.

Aun cuando el estudio involucró a un número impactante de participantes, y sus hallazgos básicos se han replicado al menos una docena de veces, sus resultados no

[1] Ingibjorg Eva Thorisdottir *et al.*, «Active and Passive Social Media Use and Symptoms of Anxiety and Depressed Mood Among Icelandic Adolescents», *Cyberpsychology, Behavior, and Social Networking* 22, núm. 8 (2019): pp. 535-542, doi:10.1089/cyber.2019.0079.

siguen siendo más que correlacionales. En otras palabras, todavía no sabemos si utilizar las redes sociales causa ansiedad o depresión. Bien podría tratarse de lo contrario: las personas que están más ansiosas o deprimidas podrían estar en mayores probabilidades de participar en las redes sociales de manera pasiva porque hacerlo es poco demandante o relajante. O podría ser que algún otro factor que los experimentadores no hayan tomado en cuenta, como traumas, circunstancias familiares o genética, esté causando el aumento en angustia. ¿Estamos más cerca de saber en qué dirección apuntan las flechas de la causalidad?

En 2010, investigadores de la Universidad de Misuri y de la Universidad de Columbia quisieron dar los primeros pasos para responder a esa pregunta.[2] Reclutaron a estudiantes universitarios para que acudieran al laboratorio y les pidieron que hicieran algo de lo más familiar: que se metieran a Facebook y que lo usaran como lo harían normalmente. Después se les dijo que los investigadores habían estado tabulando cada vista y cada clic; en específico, la cantidad de tiempo que habían pasado navegando de manera pasiva en lugar de buscar información y comunicarse con sus amigos de forma activa. Al mismo tiempo los investigadores documentaron los sentimientos positivos y negativos de los participantes. Pero en lugar de preguntarles cómo se estaban sintiendo, los investigadores utilizaron

---
[2] Kevin Wise, Saleem Alhabash y Hyojung Park, «Emotional Responses During Social Information Seeking on Facebook», *Cyberpsychology, Behavior, and Social Networking* 13, núm. 5 (2010): pp. 555-562, doi:10.1089/cyber.2009.0365.

un método a prueba de sesgos: la electromiografía facial, o la fuerza de la actividad eléctrica en los músculos implicados en producir sonrisas (orbicular de los párpados) o para fruncir el ceño (corrugador superciliar).

Ni el uso activo ni el pasivo aumentaron los ceños fruncidos, que en teoría indican sentimientos negativos, pero el uso pasivo sí redujo las sonrisas directamente, lo que sugiere que no nos hace más felices en absoluto. Claro que sonreír menos no equivale en automático a mayor ansiedad o depresión, pero a estas alturas de la ciencia, tal estudio es uno de los pocos que muestra que los usos diferentes de las redes sociales de verdad causan alguna reacción. Esto nos da una idea de lo mucho que no sabemos.

Asumamos por un instante que las investigaciones están en lo correcto. Si utilizar tecnologías de manera pasiva de verdad reduce los sentimientos positivos, ¿por qué insistimos en regresar a ellas una y otra vez?

LOS TRAGAMONEDAS

Algunas tecnologías digitales parecen tan perfectas y tan fáciles de usar que suponemos que su diseño es algo inevitable. Pero la inteligencia en el diseño puede engañarnos para que olvidemos que nada acerca del modo en que consumimos estas tecnologías es inevitable.

Los dispositivos, los sitios web y las plataformas de redes sociales están creados de forma propositiva e implacable para mantenernos mirando las pantallas y para engancharnos con el fin de que abramos otra *app* más. ¿Cómo? Están diseñadas como los casinos atestados de tragamonedas.

Las noticias infinitas son un ejemplo perfecto. Mientras nos desplazamos hacia abajo por la pantalla, la información surge sin cesar, así que jamás tenemos que detenernos, hacer clic, ni esperar a que se cargue una página más de información. Esta eliminación de pausas nos da menos oportunidades de detenernos y de pensar: «¿Esto es lo que quiero estar haciendo en este momento?». Seguimos adelante en piloto automático, haciendo lo que se siente agradable en ese instante. De hecho, las investigaciones muestran que el mero acto de navegar y desplazarnos repetidamente nos calma y nos tranquiliza de momento,[3] hace que nos sintamos bien e incluso puede reducir el estrés biológico por un tiempo, medido a través de la conducción de la piel o de los cambios sutiles en el flujo sanguíneo debajo de la superficie de nuestra dermis.

El diseño de los casinos aprovecha estos mismos principios de automaticidad. Por ejemplo, los pasillos de los casinos no tienen ángulos rectos, sino suaves curvas sinuosas, para que sea más fácil que vaguemos de un juego a otro, dejando que nuestro impulso por jugar y ganar nos desplace de un lugar a otro. No es necesario pausar en ningún momento. Y, al igual que los pasillos del casino, las noticias infinitas nos alientan a seguir moviéndonos, desplazándonos sin pena ni gloria hasta que lleguemos a la meta prevista: los juegos de azar.

---

[3] *Idem.*

Los dispositivos, y las muchas cosas que hacemos con ellos, están diseñados igual que las máquinas tragamonedas. Eso se debe a que, al igual que las tragamonedas y todos los demás tipos de apuestas, nos ofrecen recompensas intermitentes e impredecibles. Este tipo de recompensa hace un trabajo maravilloso de alentar y reforzar cualquier conducta que nos lleve a ellas. Las personas se vuelven adictas a las máquinas tragamonedas porque jamás saben cuándo le van a pegar al premio, al gordo de las tres cerezas en fila, de modo que siguen usándolas. De la misma manera, para lograr que las personas sigan tomando sus dispositivos y que hagan clic, se desplacen, compren y publiquen, se les recompensa de forma imprevista e intermitente con *likes*, noticias, dramas o emociones.

Los teléfonos inteligentes nos hacen volver una y otra vez porque jamás sabemos cuándo nos van a tocar las tres cerezas en fila, si el mensaje es de un amigo, si es la noticia que tanto hemos estado esperando o si es el meme gracioso de algún gatito.

Por el contrario, el concepto del *doomscrolling* es la unión «perfecta» entre el pasillo de casinos del *scroll* infinito y el reforzamiento de las tragamonedas. El *doomscrolling* es algo que casi sin duda hemos hecho todos cuando nos sentimos ansiosos; desplazarnos por las malas noticias obsesivamente, sin que importe que —al hacerlo— nos angustiemos. Aunque no cabe duda de que el *doomscrolling* ya existía antes de que iniciara la pandemia del COVID-19, en la práctica si no en nombre, el uso del término explotó durante el confinamiento. Es cuando el sitio en línea del diccionario

Merriam-Webster lo añadió a su lista de «palabras que estamos rastreando». No resulta difícil imaginar todas las horas que pasamos pegados a las pantallas mientras consumíamos cada pizca posible de noticias acerca del virus, de la política partidista, de la injusticia racial y de las tasas de desempleo; incluíamos cualquier cosa que fuera negativa o angustiante en nuestro *doomscrolling*.

No obstante, a lo largo del camino, mientras lo hacíamos, era posible que nos topáramos con una que otra recompensa; con el mensaje de texto agradable de algún amigo o con alguna noticia positiva entre el desastre de los sucesos de actualidad. Lo suficiente como para mantenernos clavados en la búsqueda para sentirnos mejor.

Porque, en realidad, el *doomscrolling* es un intento por lidiar con la ansiedad; al obtener más y más información, aunque sea mala, existe la esperanza de que podamos reducir nuestra incertidumbre. Es una buena estrategia bajo circunstancias normales; pero por desgracia, el mundo digital no es particularmente «normal»; prioriza la información negativa por encima de la positiva, nos polariza hasta encerrarnos en burbujas de información y recompensa lo sensacional por encima de lo fáctico y a los troles de Twitter en lugar de lo que es amable y calmado.

Con mucho, el *doomscrolling* está lejos de ser la única manera irreflexiva en la que usamos la tecnología en nuestra búsqueda por aliviar la ansiedad. ¿Qué tienen en común hacer clic sobre la imagen animada de una galleta en repetidas ocasiones y guiar una pelota de color entre una serie de obstáculos de diversos colores? Son los inmensamente populares juegos hipercasuales, Cookie Clicker y Color Switch. Por definición, los juegos hipercasuales son divertidos, sencillos, repetitivos y absorbentes. Algunos son desafiantes, pero muchos utilizan una mecánica de juego sencilla que requiere tan poca atención que se juegan mientras las personas están haciendo otra cosa, como ver televisión o comer. Habla con algún usuario de estos juegos hipercasuales y te dirá que los juega para aliviar su estrés y ansiedad, para relajarse después de un largo día y para distraerse de sus preocupaciones. Muchas personas los utilizan para conciliar el sueño.

Algunos científicos han estudiado los juegos hipercasuales como intervenciones para la ansiedad y afirman que estos jueguitos alivian a las personas al desencadenar una sensación de flujo con cada acción relajada, fluida y repetitiva.[4] Al igual que las noticias infinitas, parecen adormecernos hasta que alcanzamos un estado más calmado de piloto automático. El jurado científico aún está deliberando si eso puede servir de algo a la larga; pero si nos desplazamos por la pantalla para evitar confrontar las emociones angustiantes, lo más seguro es que no sirva de nada. Sin embargo, la idea de que podrían ser de utilidad se conecta con investigaciones anteriores que muestran que desplazarse por las noticias de nuestras redes sociales alivia el estrés biológico temporalmente.[5] En 2021 estos pequeños juegos fueron un

---

[4] Carmen Russoniello, Kevin O'Brien y J. M. Parks, «The Effectiveness of Casual Video Games in Improving Mood and Decreasing Stress», *Journal of Cyber Therapy and Rehabilitation* 2, núm. 1 (2009): pp. 53-66.
[5] Wise *et al.*, «Emotional Responses During Social Information Seeking on Facebook».

enorme negocio con millones de usuarios, algunos de los cuales los jugaban por horas.

Sin duda, desde hace mucho hemos utilizado las tecnologías del entretenimiento para relajarnos —la televisión y el radio nos vienen a la mente de inmediato— porque nos atraen, absorben nuestra atención y nos distraen de nuestras preocupaciones. A la televisión no le decían «la caja idiota» por nada. Lo que resulta novedoso en este caso es que las empresas de tecnología más poderosas del planeta ahora quieren que les prestemos atención a los dispositivos *todo el tiempo*, para que puedan obtener cantidades masivas del producto digital más valioso de todo el planeta: nuestros «datos personales», que se refieren a lo que creemos, lo que queremos, los sitios a donde vamos y lo que hacemos. Esa es la razón por la que las tecnologías digitales están diseñadas como los casinos: casi imposibles de abandonar. Es un negocio redondo.

Estos esfuerzos radicales y sin precedentes por mercantilizar nuestra atención son pertinentes para la ansiedad porque funcionan solo cuando fijamos los ojos en la pantalla. Y cuando nuestros ojos y mente están atorados en estas, es posible que perdamos la oportunidad de beneficiarnos de una de las mejores herramientas que tenemos para lidiar con la ansiedad: las conexiones sociales en la vida real.

CEREBROS SOCIALES EN UN MUNDO DE PANTALLAS

Maneesh Juneja es un futurista de salud digital; imagina la manera en que las tecnologías emergentes podrían hacer del mundo un sitio más feliz y más sano.[6] Suena como un trabajo maravilloso si tan solo pudieras obtenerlo, pero después de una terrible pérdida, su adorada hermana murió inesperadamente en 2012, despertó a una realidad sorprendente: solo eran las conexiones cara a cara las que lo ayudaban a lidiar con su pesar. De hecho, aunque su vida giraba en torno a las tecnologías digitales, fueron lo último a lo que recurrió para afrontar su pérdida. Una fiesta de jardín de realidad virtual lo dejaba sintiéndose desconectado y peor que antes, mientras que tan solo pararse en la fila del supermercado local donde había una cajera humana en lugar de pasarse a las cajas mucho más rápidas de autoservicio mejoraban su estado de ánimo de manera considerable. Mucho antes de que el Zoom infiltrara nuestra vida, Juneja se dio cuenta de que aunque los medios tecnológicos para conectarse eran inmensamente valiosos, había algo acerca de la presencia humana —el contacto físico, el contacto visual y la voz— que la hacía excepcionalmente sanadora.

Esto hace todavía más irónico el hecho de que las redes sociales, que quizás tengan uno de los nombres más equivocados de nuestro tiempo, a menudo impiden que aprovechemos la presencia humana para aliviar las ansiedades y angustias. Ya sabemos que contar con un sólido apoyo social fortalece

---

[6] «Being Human», Maneesh Juneja, 23 de mayo de 2017, https://maneeshjuneja.com/blog/2017/5/23/being-human.

la salud y que la soledad y el aislamiento pueden restarle años a nuestra expectativa de vida. ¿Cómo funciona? Una de las maneras es que durante momentos de estrés, la presencia de un ser amado que nos apoye cambia nuestra biología. La investigación de neuroimagenología donde los sujetos se tomaban de las manos,[7] que presentamos en el capítulo 2, mostró que la presencia de los seres amados literalmente nos brinda un poder cerebral superior para lidiar con las amenazas. ¿Puede la tecnología comunicar este mismo beneficio cuando no es posible que nos demos la mano? En 2012, investigadores de la Universidad de Wisconsin-Madison se hicieron la misma pregunta.[8]

Cuando nos beneficiamos del apoyo social en persona, el nivel de cortisol, la hormona del estrés, cae de forma estrepitosa, al tiempo que aumenta la producción de la hormona de la vinculación social, la oxitocina. ¿Pero acaso se presentan estos mismos poderosos efectos biológicos cuando el apoyo social se brinda a través de la tecnología? Veamos la relación entre madres y sus hijas adolescentes. En un estudio, primero se sometió a las chicas a la prueba de estrés social de Trier. Después de dar su angustiante discurso público y de llevar a cabo el difícil problema de matemáticas frente a los jueces, las adolescentes se estaban sintiendo de lo más alteradas, como era de esperar. Se les

[7] James A. Coan, Hillary S. Schaefer y Richard J. Davidson, «Lending a Hand», *Psychological Science* 17, núm. 12 (2006): pp. 1032-1039, doi:10.1111/j.1467-9280.2006.01832.x.

[8] Leslie J. Seltzer *et al.*, «Instant Messages vs. Speech: Hormones and Why We Still Need to Hear Each Other», *Evolution and Human Behavior 33*, núm. 1 (2012): pp. 42-45, doi:10.1016/j.evolhumbehav.2011.05.004.

permitió ponerse en contacto con sus madres en una de tres modalidades: en persona, por teléfono o a través de un mensaje de texto. Hubo un grupo final de adolescentes que se quedaron sentadas a solas y que no recibieron ningún tipo de apoyo.

Por otra parte, a las mamás se les dijo que fueran lo más emocionalmente solidarias que les fuera posible. Cuando ofrecieron su apoyo en persona o por teléfono, las concentraciones de la hormona de estrés de sus hijas se redujeron y subieron las concentraciones de la hormona de la vinculación social, como se esperaba; ambas señales de que el apoyo estaba surtiendo efecto. Pero cuando las adolescentes recibieron el consuelo de sus madres a través de mensajes de texto, no cambió nada: las chicas mostraron una liberación mínima o nula de oxitocina y sus niveles de cortisol siguieron tan elevados como los de las chicas que no recibieron apoyo alguno. La conexión a través de medios digitales no se comparó con la voz o presencia física consoladoras de una madre. Esto sugiere que existe un desajuste evolutivo, que quizás los humanos nos beneficiamos más del apoyo social cuando percibimos una presencia humana sin mediación alguna.

Una segunda manera en que la conexión social obra su magia sobre la ansiedad es a través de otra experiencia sensorial: el contacto visual. A diferencia de cualquier otro animal, incluso de nuestros familiares primates más cercanos, solo los humanos tienen la capacidad de compartir significados e intenciones al mirarse a los ojos. En otras palabras, nos comunicamos tan solo con establecer un contacto visual con alguien más. También encontramos consuelo en ello. Imagina a dos personas que están sentadas juntas y en silencio. Voltean, se ven a los ojos y, sin decir una sola palabra, se comprenden. Desde los primeros días de su vida, los niños pueden hacer lo mismo. Los bebés miran a los ojos de sus cuidadores en busca de consuelo, aprenden la reciprocidad del toma y daca de los juegos y observan la manera en que sus propios sentimientos y acciones afectan a los demás. A medida que crecemos, aumentan estas habilidades hasta que, al fin, nos volvemos expertos en cuanto a las sutilezas de la comunicación social.

Podemos ver la importancia de la mirada humana en la forma en que ha evolucionado el ojo humano. La porción blanca de los ojos tiene un tamaño superior a la de los primates o a la de otros animales. Esto nos permite rastrear y coordinar la dirección de la mirada de otras personas con una precisión exquisita; es más fácil ver hacia dónde están dirigidas nuestras pupilas cuando los iris están rodeados de blanco. Al poder seguir la mirada de alguien más, también podemos comprender mejor lo que el otro está haciendo, lo que quiere y lo que quiere que nosotros hagamos. Algunos científicos argumentan que esta característica en apariencia sencilla fue fundamental para el avance evolutivo del *Homo sapiens* como especie porque nos permite cooperar y coordinar nuestras metas e intenciones con eficacia.[9]

Si desaparecemos al interior de nuestras pantallas de forma crónica, nuestra cabeza y ojos dirigidos hacia abajo,

---

[9] M. Tomasello, *A Natural History of Human Thinking* (Cambridge, MA: Harvard University Press, 2014).

¿estamos arriesgándonos a debilitar este canal esencial de comunicación humana?

En 2017 exploramos esta pregunta en el contexto de una relación esencial; aquella entre los padres y sus hijos pequeños.[10] Los sujetos iniciaron la sesión de investigación jugando juntos como lo harían en casa. Después de que entraron en una rutina agradable, se pidió a los padres interrumpir la sesión de juegos sin aviso previo y sacar sus dispositivos móviles. Para asegurarnos de que ignoraran a sus hijos y que mantuvieran los ojos clavados en sus pantallas, les pedimos que respondieran un breve cuestionario sobre la pantalla. Después de un par de minutos de hacer esto, se les indicó que volvieran a dirigir su atención a sus hijos y que empezaran a jugar de nuevo.

Despreciar a alguien en favor del celular podrá ser de lo más común en diversas familias; incluso tiene un nombre, *ningufoneo*. Sin embargo, no nos sorprendió ver que los niños del estudio de todos modos se mostraron angustiados y que hicieron grandes esfuerzos por volver a capturar la atención de sus padres cuando estos se centraron en sus teléfonos. Sus emociones negativas tendieron a perdurar durante el periodo de reunión, y aunque muchos de los niños hicieron caso omiso y felizmente volvieron a interactuar con sus padres, otros siguieron mostrándose ansiosos y preocupados. Parecían estarse preguntando si sus padres volverían a ignorarlos en favor de sus celulares.

---

[10] Sarah Myruski *et al.*, «Digital Disruption? Maternal Mobile Device Use Is Related to Infant Social-Emotional Functioning», *Developmental Science 21*, núm. 4 (2017), doi:10.1111/desc.12610.

A los pequeños acostumbrados al *ningufoneo* no les fue mejor. De hecho, fue más frecuente que los padres que informaron que utilizaban sus pantallas frente a los demás miembros de la familia tuvieran hijos a los que se les dificultaba recuperarse en términos emocionales durante la reunión. Fueron esos pequeños quienes exhibieron menos emociones positivas y más emociones negativas, y que además se tardaron más en reanudar sus juegos, incluso cuando sus padres volvieron a brindarles toda su atención.

En 2019 recreamos el estudio para un reporte televisivo especial en el programa *Screen Time: Diane Sawyer Reporting* y tuvimos la oportunidad de ahondar más en la manera en que los niños percibían la pérdida de la mirada de sus padres. Un chico reaccionó de inmediato y repitió siete veces, con una voz cada vez más alta: «Tenemos otras cosas que hacer, mami. Mami, detente, mami, es hora de irnos». Una pequeñita que había estado jugando feliz con su madre momentos antes, silenciosamente jaló una silla y se quedó sentada frente a su madre cuando esta sacó el teléfono. En lugar de ocuparse en jugar o de tratar de hacer que su madre reanudara el juego, la pequeña se limitó a esperar, sin moverse, insegura del momento en que su madre regresaría a ella.

El mensaje del estudio no fue que utilizar dispositivos frente a los niños y la familia les hará daño. De todos modos, nuestros hallazgos sugieren que si desaparecemos constantemente cuando nos encontramos con nuestros seres amados, es posible que perdamos la oportunidad de conectarnos en formas que nos beneficiarían a todos.

En un segundo estudio sometimos a prueba el impacto del *ningufoneo* sobre los adultos.[11] Asignamos parejas de sujetos para que trabajaran juntos para resolver un acertijo difícil. Uno de los adultos de la pareja, un asistente de investigación que se hacía pasar como participante, interrumpía la tarea constantemente rompiendo el contacto visual, poniéndose a escribir mensajes de texto y hablando por teléfono. En el grupo control, la pareja trabajó en conjunto para resolver el acertijo sin interrupción.

Al igual que en el estudio con los padres y los niños, los efectos de romper la reciprocidad y la conexión a través del contacto visual distaron de ser triviales. A los adultos no solo les pareció maleducado verse *ningufoneados* por sus compañeros, sino que también exhibieron una mayor ansiedad.

¿Y QUÉ TAL QUE LOS CHICOS ESTÁN BIEN?

Si debemos creerles a los titulares acerca de la tecnología digital, tendríamos que elegir entre uno de dos bandos: los agoreros que nos anuncian que los teléfonos celulares reducen nuestro tiempo de vida y que causan todo, desde ansiedad adolescente hasta suicidio; o los detractores, que nos dicen que todo este pánico es innecesario y que nuestra histeria acerca de la tecnología digital terminará por desaparecer de la misma manera en

---

[11] Kimberly Marynowski, «Effectiveness of a Novel Paradigm Examining the Impact of Phubbing on Attention and Mood», 21 de abril de 2021, CUNY Academic Works, https://academicworks.cuny.edu/hc_sas_etds/714.

que sucedió con las preocupaciones de generaciones pasadas acerca de las cantidades excesivas de televisión.

¿Existe algún punto intermedio?

Para averiguarlo, necesitamos consultar a las personas que de verdad saben de lo que están hablando: los nativos digitales. En un informe del NPR de 2018, «Teen Girls and their Moms Get Candid About Phones and Social Media» (Niñas adolescentes y sus madres hablan sin tapujos de los teléfonos y las redes sociales),[12] resultó evidente que las jóvenes se sentían conflictuadas; conflictuadas entre saber que había ocasiones en que las redes sociales las hacían sentir ansiosas y deprimidas, y saber que sus teléfonos les ofrecen una conexión social y un alivio emocional sin los que sienten que no pueden vivir.

«Los adultos no saben lo importantes que son los teléfonos para los adolescentes», dijo una joven. «Siento que cuando sí tienes redes sociales el teléfono te hace más amistoso. Me siento junto a un chico en una de mis clases. No tiene teléfono. No quiere hablar con todos los de la clase. Te hace ser más antisocial».

«No necesariamente me gusta usarlo», dijo otro; «... bueno, eso no es del todo cierto. Al mismo tiempo, sí me gusta usarlo pero también sé lo que me está haciendo. Sé que, en realidad, me provoca mucha ansiedad. Pero, de nuevo, es superfácil. Me puedo sentar en un sofá, sin moverme, solo

---

[12] Anya Kamenetz, «Teen Girls and Their Moms Get Candid About Phones and Social Media», NPR, 17 de diciembre de 2018, https://www.npr.org/2018/12/17/672976298/teen-girls-and-their-moms-get-candid-about-phones-and-social-media.

con algo en la mano y hacer muchísimo. Puedo existir en otro mundo sin hacer nada».

Todos podemos identificarnos, en especial después de la pandemia, durante la que las pantallas no solo se convirtieron en tablas de salvación, sino también en el azote de nuestra existencia por la fatiga del Zoom y las inacabables secciones de noticias. En ocasiones, nos sentíamos adictos a las pantallas y a las redes sociales en particular. Sin embargo, la analogía con las adicciones es demasiado simplista. Es más que posible que los centros de recompensa del cerebro se activen cuando nos sentimos adictos a Instagram de la misma manera en que cuando somos físicamente adictos a las benzodiacepinas, pero también se activan cuando se dispara mi amor excesivo por la sal y el vinagre y me cuesta todo el trabajo del mundo negarme a comer esa siguiente papa frita. Lo que es más, muchos de nosotros nos vemos obligados a utilizar las redes sociales por razones que poco tienen que ver con una recompensa; motivaciones sociales complejas, recopilación de información y metas profesionales, por nombrar solo unas cuantas.

Algunos investigadores siguen ignorando las sutilezas de nuestra relación con las tecnologías digitales. Han decidido, aun en ausencia de pruebas, propagar los titulares llamativos que dicen que los teléfonos inteligentes son adictivos, que han destruido a una generación entera en términos psicológicos y que están motivando la epidemia de la ansiedad y el suicidio entre adolescentes en todo Estados Unidos.

Y, aun así, sigue siendo cierto que hay casi una absoluta falta de evidencia directa que señale que los dispositivos de verdad *causan* problemas de salud mental importantes o que utilizar redes sociales nos hace sentir ansiosos. Un estudio basado en datos de encuesta de cientos de miles de adolescentes concluyó que el pico de ansiedad y depresión entre los jóvenes, por allá de 2011, con toda probabilidad se haya basado en la adopción de los teléfonos inteligentes más o menos durante esa misma época.[13] Pero por medio de los mismos datos, un grupo diferente de la Universidad de Oxford demostró que comer más papas que el promedio se asociaba con los aumentos de ansiedad con la misma fuerza, recordándonos que la correlación jamás equivale a causación.[14]

En uno de los pocos estudios longitudinales prospectivos del uso de redes sociales y la adaptación emocional —es decir, en el que los investigadores primero midieron el uso de redes sociales para después determinar si predecía el bienestar al paso del tiempo— Sarah Coyne, de la Universidad de Brigham Young, y sus colaboradores no encontraron asociación alguna entre el tiempo que se pasaba en redes sociales, y la ansiedad y la depresión a lo largo de ocho años, desde la adolescencia temprana y hasta los primeros años de la adultez.[15]

[13] Jean M. Twenge *et al.*, «Increases in Depressive Symptoms, Suicide-Related Outcomes, and Suicide Rates Among U.S. Adolescents After 2010 and Links to Increased New Media Screen Time», *Clinical Psychological Science 6*, núm. 1 (2017): pp. 3-17, doi:10.1177/2167702617723376.

[14] Amy Orben y Andrew K. Przybylski, «The Association Between Adolescent Well-Being and Digital Technology Use», *Nature Human Behaviour 3*, núm. 2 (2019): pp. 173-182, doi:10.1038/s41562-018-0506-1.

[15] Sarah M. Coyne *et al.*, «Does Time Spent Using Social Media Impact Mental Health?: An Eight Year Longitudinal Study», *Computers in Human Behavior* 104 (2020): 106160, doi:10.1016/j.chb.2019.106160.

Incluso estos hallazgos distan de ser concluyentes. No sabremos nada a ciencia cierta sino hasta que centremos nuestros esfuerzos de investigación en las preguntas difíciles: ¿qué tipos de uso de redes sociales ayudan y cuáles causan daño? ¿Nuestra biología puede ayudarnos a comprender las razones por las que nos vemos afectados, si en realidad lo estamos? ¿Quiénes de nosotros somos resilientes y quiénes vulnerables? Y ¿el impacto de la tecnología digital cambia al paso del tiempo a medida que nosotros mismos cambiamos?

Casi 10 años después de que Leslie Seltzer y sus colaboradores juntaran a 10 chicas adolescentes y a sus madres para estudiar el apoyo social,[16] nosotros invitamos a adolescentes y a sus mejores amigos a nuestro laboratorio y los dividimos en tres grupos. A dos de los grupos solo les pedimos que discutieran cosas que los molestaban y que se brindaran apoyo emocional; uno a través de Zoom y otro a través de mensajes de texto. El tercer grupo se quedó a solas, pensando acerca de qué era lo que los estaba molestando. Después de las conversaciones, en lugar de medir las hormonas del estrés y de la vinculación social, medimos el cerebro de los adolescentes por medio de EEG mientras miraban imágenes emocionalmente intensas, como la de una persona muy enferma en el hospital o la de un soldado involucrado en un altercado violento. Nuestra teoría era que los adolescentes que se sintieran más apoyados a nivel social podrían manejar mejor sus reacciones emocionales

---

[16] Seltzer *et al.*, «Instant Messages *vs.* Speech: Hormones and Why We Still Need to Hear Each Other».

ante las fotografías. Además, supusimos que Zoom sería la manera más efectiva para brindar apoyo a un amigo al hacer posible ver su rostro, escuchar su voz y estar al tanto de la forma en que la persona se sentía en tiempo real.

Pero eso no fue lo que encontramos en absoluto. Los miembros del grupo que se envió mensajes de texto mostraron los cerebros más serenos. Y más interesante todavía fue que los cerebros de los adolescentes en Zoom se mostraron idénticos a los de los adolescentes a los que dejamos a solas y sin apoyo.

No podíamos comprenderlo para nada; no solo porque no era lo que estábamos esperando, sino porque parecía contradecir el estudio de 2010 con las chicas adolescentes y sus mamás, que no mostraron beneficio alguno del apoyo brindado a través de mensajes de texto. De modo que hablamos con los adolescentes. Era 2019 y la mayoría de ellos había crecido enviando mensajes de texto, que preferían sobre los demás medios de comunicación. La jerga utilizada para textear, los emojis y los *gifs* estaban a salvo de los curiosos ojos de los adultos, que no podían comprender ni la mitad de los mismos, pero para los adolescentes era un vocabulario nutrido y completo. Zoom los dejaba fríos; les parecía fuera de sintonía, torpe y para nada como hablar con alguien en persona. No era que estuvieran en contra del tiempo cara a cara; de todos modos ansiaban estar con sus amigos, en persona, pero también les gustaba poder pausar durante una conversación texteada para meditar acerca de lo que querían decir, y para absorber la angustia que estaban experimentando sus amistades y que quizás ellos también estuvieran sintiendo. Lo que es más, en las video-conferencias y en las pláticas cara a cara, la gente tiene que responder al instante; no hay tiempo para pensar. Desde esa perspectiva, textear les ayudaba a ser los mejores y más solidarios amigos que podían ser.

Mientras yo estaba creciendo, jamás tuve que preocuparme acerca de los troles, *haters* y algoritmos de internet. Ni siquiera sabía lo que era un algoritmo. Mientras fui una persona joven en desarrollo, no tuve que sentir la presión de la constante atención de las redes sociales mientras transitaba por mis cohibidos años adolescentes. No estoy tan segura de que hubiera podido manejarlo bien.

No obstante, los miembros de la Generación X, como yo, deberíamos aprender a controlar nuestras suposiciones. Lo averigüé en persona después de recibir el correo electrónico de un alumno que leyó un artículo de opinión que escribí para el *New York Times*,[17] en el que hacía un llamado para discusiones más matizadas acerca de las redes sociales y de la salud mental, en lugar de suponer que la tecnología digital es una *causa* simple y directa de los problemas tales como la ansiedad adolescente.

Dra. Dennis-Tiwary:
En este momento estoy inscrito en un curso de inglés para obtener créditos universitarios anticipados. Le escribo para informarle

---

[17] Tracy A. Dennis-Tiwary, «Taking Away the Phones Won't Solve Our Teenagers' Problems», *New York Times*, 14 de julio de 2018, https://www.nytimes.com/2018/07/14/opinion/sunday/smartphone-addiction-teenagers-stress.html.

que su artículo «Taking Away the Phones Won't Solve Our Teenagers' Problems» (Quitarles los teléfonos no solucionará los problemas de nuestros adolescentes) fue de lo más apreciado por todos los jóvenes del presente curso. Se nos asignó a que leyéramos, comentáramos y resumiéramos su artículo. Durante los últimos meses no hemos leído más que artículos en contra de la tecnología. El artículo que escribió fue un enorme alivio para todos nosotros. Sentimos que alguien de verdad entendía a los nativos digitales de este mundo.

De parte mía y de todos mis demás compañeros,

gracias.

PARTE III

CÓMO RESCATAR LA ANSIEDAD

7

INCERTIDUMBRE

La incertidumbre es la única certeza que existe
y la única seguridad es saber vivir con la inse-
guridad.

JOHN ALLEN PAULOS,
Un matemático invierte en la bolsa[1]

Es parte de la condición humana. Cada día es un conjunto más de probabilidades, una apuesta a que lo que
suele suceder de manera habitual sucederá de nuevo; nos
despertaremos por la mañana, haremos lo que teníamos
planeado hacer en el día y terminaremos por regresar a
puerto seguro para dormir, solo para volver a despertarnos por
la mañana y hacer la misma apuesta una vez más. Claro
que nada de lo que pasa en la vida es una apuesta segura.
La mayoría de nosotros acepta lo anterior, al menos a nivel
intelectual y abstracto, pero pocos reflexionamos al respecto. Cuando sí nos enfrentamos con la incertidumbre de la
vida cara a cara, experimentamos una sensación de tensión,
una discordancia entre nuestras suposiciones y la realidad.

---

[1] John Allen Paulos, *A Mathematician Plays the Stock Market* (Nueva
York: Basic Books, 2003).

Algo indigno de confianza ha ingresado en nuestra vida. Es esta tensión la que nos hace levantarnos y prestar atención, porque sabemos que lo que suceda a continuación podría ser terrible o maravilloso o tan solo indiferente, de modo que necesitamos hacer algo al respecto si nos es posible.

En otras palabras, la incertidumbre equivale a posibilidad. Incluso pensar en ello nos impulsa hacia el futuro.

Estamos a finales de julio de 2021 y me despierto sintiéndome congestionada y con dolor de cabeza y de garganta. Lo más probable es que se trate tan solo de un catarro veraniego o de alguna alergia… ¿o podría ser COVID? Cuando no mejoro después de un día, me hago una autoprueba de detección de antígenos en casa. Mientras esperamos los resultados, mi marido no deja de caminar de un lado al otro. Él sobrevivió al COVID y teme que cualquiera de nosotros se infecte; en especial porque nuestra hija es demasiado pequeña como para vacunarse.

Sé que *podría* estar infectada, pero pienso que son pocas las probabilidades de que sea así. Tanto mi marido como yo estamos experimentando incertidumbre, pero nos encontramos en puntos diferentes del espectro: él se inclina más hacia lo negativo y yo más hacia lo positivo. Sin embargo, siguen siendo válidas las dos posibilidades, lo que significa que tenemos cierto control sobre el futuro: yo puedo hacerme una prueba, dar seguimiento a mis síntomas, aislarme y tomar precauciones para que mi hija no se contagie. Este es el punto ideal de la incertidumbre; te ofrece la posibilidad de ejercer cierto control sobre lo que va a suceder a continuación.

DI NO AL LADO OSCURO

Hace mucho tiempo, en una galaxia muy, muy lejana, nació un muchacho llamado Anakin Skywalker sobre un planeta desértico. Una antigua profecía predijo que él traería el equilibrio al universo al unir los lados luminoso y oscuro de la Fuerza. En lugar de ello, se vio seducido por el lado oscuro. Esto, desde luego, es el inicio de la saga de *Star Wars*, la principal mitología de ficción especulativa del último siglo. Para algunos, es casi una religión; para mí, es una parábola de la razón por la que necesitamos la incertidumbre.

Anakin sucumbió al lado oscuro porque se obsesionó con evitar su temor más grande: el hecho de que un día moriría su amada esposa, Padmé. Sin embargo, no era la certeza de la muerte la que lo torturaba; era la incertidumbre de *su* muerte; no podía tolerar no saber cómo y cuándo moriría, y si él sería incapaz de salvarla, justo como fue incapaz de salvar a su propia madre de una muerte temprana a manos de unos *Stormtroopers*. Al final, cuando Padmé terminó por morir durante el parto, y cuando engañaron a Anakin para que creyera que él era el responsable de su muerte, lo que empezó como un rechazo a la incertidumbre se convirtió en dolor y rabia intolerables. Pronto Anakin se transformaría en el villano más icónico del cine moderno, Darth Vader.

La verdadera perdición de Anakin no fue su amor por Padmé. Ni siquiera fue su miedo. Fue que no podía aceptar la incertidumbre. Lo único que podía ver era el desastre certero y no fue capaz de ver que él y Padmé pudieron haber tenido una larga y plena vida juntos; una meta que pudo haberse esforzado por alcanzar. Debido a que perdió su capacidad para imaginar las posibilidades positivas, es decir, porque perdió su capacidad de incertidumbre, el lado oscuro terminó por consumirlo.

¿La moraleja de la historia? Rechazar la incertidumbre significa rechazar el potencial de tragedia junto con el potencial de la más absoluta dicha. Además, no seas Darth Vader. Por fortuna, nuestro cerebro ha evolucionado para ayudar a evitar que eso suceda.

Nuestro cerebro busca la incertidumbre

La incertidumbre es la clave para sobrevivir. Desde una perspectiva evolutiva, no son las amenazas seguras las más peligrosas, sino aquellas imposibles de conocer. Esto limita nuestra capacidad para prepararnos para ellas, para aprender de ellas y de verdad hacer algo para, ya sabes, sobrevivir.

Es por ello que el cerebro no ignora la incertidumbre, la abraza; tanto así que la evolución diseñó al cerebro humano para prestar atención a lo inesperado, a lo impredecible y a lo novedoso en automático y sin esfuerzo alguno. Se llama *respuesta de orientación*. Es refleja e inconsciente, de modo que no podemos evitar hacerlo incluso si lo intentamos. Es como cuando la parte inferior de nuestras piernas brinca hacia arriba cuando el médico nos golpea la rodilla con su martillito de goma; pero con la velocidad del rayo. El cerebro ha evolucionado hasta convertirse en radar de la incertidumbre.

De hecho, puedes observar la respuesta de orientación en la forma de las ondas cerebrales. Imagina una tarea de cómputo en la que tienes que presionar la flecha de «arriba» cuando aparece una S en la pantalla y la flecha hacia «abajo» cuando ves una N. Las S y las N se presentan a una velocidad impactante, de modo que hay veces en que lo haces bien, pero hay otras en que te equivocas. La computadora hace que suene una agradable campanita cuando lo logras, pero cuando fracasas, ¡*braaap!*, suena una chicharra de lo más molesta. De vez en cuando te toca un *tin-tin* neutral. ¿Lo hiciste bien o mal? No estás seguro.

Docenas de estudios que utilizan tareas como esta han mostrado que tan solo en un tercio de segundo el cerebro responde a la retroalimentación con cambios específicos en nuestra actividad eléctrica, también conocida como ondas cerebrales, misma que puede medirse por medio de un electroencefalógrafo (EEG). A estas ondas les hemos dado nombres de lo más sofisticados, como «negatividad relacionada con el error», «positividad de error» y «negatividad relacionada con la retroalimentación», pero lo único que significan es que el cerebro está calculando: «¿Lo hice bien, lo hice mal o no se sabe?».

Cuando las ondas cerebrales aumentan de tamaño, significa que las neuronas están consumiendo una mayor cantidad de energía y poder. ¿Y qué es lo que causa que algunas de las ondas cerebrales se vuelvan más grandes?[2] La incerti-

2 Jacob B. Hirsh y Michael Inzlicht, «The Devil You Know: Neuroticism Predicts Neural Response to Uncertainty», *Psychological Science 19*, núm. 10 (2008): pp. 962-967, doi:10.1111/j.1467-9280.2008.02183.x.

172 | EL FUTURO ES IMPERFECTO

dumbre; ese pequeño y ambiguo *tin-tin*, en especial cuando nos estamos sintiendo cohibidos o estresados. No me malentiendas; los errores también evocan importantes respuestas cerebrales, sobre todo si las comparas con los momentos en que estamos en lo correcto. Esto hace todo el sentido del mundo en términos evolutivos, porque es frecuente que la supervivencia dependa de poder aprender de nuestros errores en lugar de limitarnos a estar encantados porque hicimos las cosas correctamente. Sin embargo, el cerebro rastrea la incertidumbre de manera todavía más vigorosa porque es lo que de verdad necesitamos averiguar.

Eso requiere de energía cerebral o de aquello que los psicólogos llaman *control cognitivo*, la capacidad para aprender, decidir y cambiar nuestras ideas y acciones con el fin de solucionar problemas. Por suerte, al mismo tiempo que nuestro maravilloso cerebro se está enfocando en la incertidumbre, también está intensificando nuestros poderes de cognición. De hecho, hay pocas cosas que le causan tanto estrés al cerebro humano como no tener el control. Solo toma en cuenta el metaanálisis de 2004 que combinó los datos de más de 200 estudios.[3] Los estudios examinaron los tipos de situaciones que causan más estrés; todo, desde sentirse juzgados en sentido negativo cuando hablamos en público, hasta llevar a cabo tareas mentales difíciles como cálculos aritméticos al tiempo que nos castigan con ruidos estridentes continuos.

---

[3] Sally S. Dickerson y Margaret E. Kemeny, «Acute Stressors and Cortisol Responses: A Theoretical Integration and Synthesis of Laboratory Research», *Psychological Bulletin 130*, núm. 3 (2004): pp. 355-391, doi:10.1037/0033-2909.130.3.355.

Cuando los estudios se consideraron en relación unos con otros, ¿cuál fue la situación que disparó la mayor respuesta de la hormona del estrés? Ninguna de ellas. No importó cuál fuera la situación, lo que más contó en cada uno de los estudios fue el grado al que la situación les pareció incontrolable a los participantes, en especial si tenía que ver con otras personas: por ejemplo, tener que desempeñarse frente a un juez que emitiera una opinión negativa sin importar lo bien que lo hicieras estuvo entre las situaciones más estresantes.

¿Cómo es que el cerebro intensifica el control cognitivo cuando se ve enfrentado a la incertidumbre? Lo hace priorizando la incertidumbre percibida sobre casi todo lo demás. Por ejemplo, en un estudio se pidió a los participantes que llevaran a cabo una difícil tarea perceptual:[4] estudiaron dos imágenes y tenían que decidir cuál estaba más pixelada. Aunque algunas eran evidentes, otras eran más difíciles: las imágenes que tenían diferencias muy sutiles eran difíciles de diferenciar. Para cualquiera de los pares, los participantes podían rehusarse a responder e indicar que no estaban seguros.

Los escaneos cerebrales mostraron que cuando los participantes indicaban que no estaban seguros se activaba una amplia red de regiones neuronales subyacentes al control cognitivo, como la corteza prefrontal y el cíngulo anterior. En contraste, cuando el participante tenía que tomar una decisión difícil entre dos imágenes parecidas, los escaneos

---

[4] Erick J. Paul *et al.*, «Neural Networks Underlying the Metacognitive Uncertainty Response», *Cortex 71* (2015): pp. 306-322, doi:10.1016/j. cortex.2015.07.028.

cerebrales mostraban que las regiones del control cognitivo se activaban solo un poco. En otras palabras, mientras que la incertidumbre ocasionaba una precipitada carga por parte de la caballería del control cognitivo, resolver un problema difícil apenas lograba que los jinetes se subieran a sus caballos.

Ese es el milagro de la incertidumbre; sin que hagamos ningún esfuerzo consciente, nuestro cerebro hace dos cosas de excelentísima manera: se percata de que existe la incertidumbre y, después, hace todo lo posible por controlarla. Esto es lo que permitió que los seres humanos aprendieran, se adaptaran, sobrevivieran y florecieran a lo largo de decenas de milenios volátiles e impredecibles.

Hace poco aprendimos la lección por las malas, cuando nosotros mismos nos convertimos en los reacios participantes de un caso colectivo de incertidumbre.

La pandemia de la incertidumbre

Debido a que viviste la pandemia del COVID-19, experimentaste la incertidumbre en su forma más brutal: ¿me voy a morir? ¿Se morirán mis seres amados? ¿Es seguro salir de casa? ¿Seguiré teniendo un trabajo en algunos meses? ¿El sobrecargado sistema de salud podrá cuidar de nosotros si nos enfermamos? ¿Habrá un colapso general de la economía global? ¿Cuánto tiempo tendremos que soportar el aislamiento social, el aprendizaje a distancia, la fatiga de Zoom?

Experimentamos una pandemia de incertidumbre y resultó ser 100% contagiosa.

De vez en cuando, la falta generalizada de predictibilidad de la pandemia llegó a sentirse como una tortura. Los psicólogos la llaman *intolerancia a la incertidumbre* y la miden preguntándoles a las personas si están de acuerdo con enunciados tales como: «La incertidumbre evita que viva una vida plena», «Siempre quiero saber lo que el futuro me depara» y «No tolero que me tomen por sorpresa».

A pesar de estos sentimientos de lo más comprensibles, la evolución nos preparó para que el mundo se cayera a pedazos, de modo que no nos quedamos sentados sin hacer nada esperando que el virus nos atrapara. La incertidumbre nos inspiró a actuar. Hicimos muchísimas cosas.

Tomemos como ejemplo el uso de cubrebocas. Al principio se nos dijo que les dejáramos las mascarillas disponibles a los trabajadores sanitarios de primera línea. De modo que cuando no nos fue posible conseguirlos ni por amor ni por dinero, empezamos a elaborarlos con camisetas viejas o pañuelos usados. Una vez que los cubrebocas al fin estuvieron disponibles, los usamos de manera religiosa y los guardamos como tesoros. Me di cuenta de que un compañero mío era un verdadero amigo para siempre cuando me ofreció uno de sus cubrebocas N95.

Nos percatamos de que incluso usar mascarilla no garantizaba que estuviésemos seguros, pero la incertidumbre hizo que siguiéramos creyendo que necesitábamos hacerlo; hacer algo era mejor que no hacer nada.

Reaccionar a las incertidumbres pandémicas nos preparó para el COVID-19: almacenamos artículos necesarios, nos obsesionamos con limpiarnos las manos, nuestros hogares e incluso las compras, nos pusimos guantes y, antes de que pasara mucho tiempo, empezamos a utilizar mascarillas dobles. Aprovechamos las características que evoca la incertidumbre: precaución, enfoque, planeación, atención a los detalles e iniciativa.

Cuando participamos de manera activa con la incertidumbre, somos capaces de percibir incluso los detalles más pequeños a la perfección. Se denomina *estrechamiento del rango de atención*. Imagina que estás caminando por el bosque y que te topas con un oso. Te congelas y, a medida que se acerca, tu atención se concentra para poder atender a cada trozo de información posible. ¿El oso me puede ver? ¿Se está moviendo en mi dirección? ¿Hay algún osezno alrededor que quiera defender? Al peligro del oso se le da una prioridad exponencialmente mayor que a los aspectos del bosque que estabas disfrutando apenas algunos momentos antes: los bellísimos árboles, el campo de flores silvestres salpicado de sol y sombra, los pájaros y su dulce canto. Todo eso desaparece mientras lidias con el problema que tienes frente a ti. Con este estrechamiento de tu rango de atención, es más probable que logres sobrevivir. Sin él, lo más seguro es que solo te des una idea general de la amenaza; algo de poca utilidad si estás tratando de evitar que el oso te destroce.

Ahora bien, y aquí no hay necesidad alguna de que imagines nada, estás atravesando una pandemia global. Los hechos siguen siendo inciertos, pero necesitas centrarte en aprender lo más que puedas acerca de la enfermedad; que absorbas hechos detallados, juzgues su veracidad, actualices la in-

formación según sea necesario y que tomes decisiones infor-
madas. ¿Es cierto que puedo contaminarme con el virus si
toco alguna superficie donde se encuentra? ¿Qué tan importante es que use el cubrebocas? ¿Cuál es la evidencia en
cuanto a que reunirse en exteriores es seguro? Mientras más
aprendes, más prioridad atencional das a los peligros realistas
del virus, mientras que la información poco clara o vaga (que
tiene mayores probabilidades de ser falsa) pasa a un segundo plano. Esto evita que subestimes o sobreestimes la amenaza del virus, lo que te ayuda a tomar las mejores decisiones posibles con el fin de mantenerte físicamente sano y
psicológicamente protegido. Con este estrechamiento de tu
rango de atención, es más probable que logres sobrevivir.

Estrechar nuestro rango de atención a medida que reu-
nimos más información en momentos de incertidumbre no
es la única manera en que esta nos ayudó durante la pandemia. Anya estaba viviendo en un suburbio de Nueva Jersey
cuando empezó el confinamiento. Ella y su esposo, Mike,
eran músicos y cuando azotó la pandemia su vida laboral
cambió de la noche a la mañana. Anya, que también era
actriz, no tenía idea de si podría regresar a trabajar y cómo
sería hacerlo. Mike, que tenía una exitosa carrera en Broadway, se quedó sin trabajo por tiempo indefinido.

La incertidumbre no era nada nuevo para Anya. Durante
el tiempo en que se había hecho de una carrera, se había acos-
tumbrado a pasar de un trabajo a otro, sin saber de cierto
cuándo podría llegar su siguiente proyecto; era la vida de
una artista, pero le fascinaba. Antes de la pandemia había
pensado que la clave del éxito era planear bien para el futuro;

pero, en la actualidad, esa suposición no servía de nada. Ahora no había manera de predecir cuándo podría llegar el siguiente trabajo, si es que llegaba. ¿Cómo podía planear para lo desconocido sin precedentes? Cada día era como correr un maratón, uno para el que no podía entrenar, y mientras más rápido corría, más parecía alejarse de su meta.

Después, cuando empezó a aproximarse el otoño, Mike y Anya tuvieron que pensar en opciones escolares para su hijo de nueve años de edad. Incluso después de tolerar varias extenuantes reuniones de Zoom de cinco horas de duración con el consejo educativo local acerca de los planes para abrir las escuelas, los padres se enteraron de que habría opciones para los programas deportivos extracurriculares, pero poco aparte de eso. Cuando la reunión estaba a punto de terminar, una de las mamás tomó la palabra y pidió mayores detalles acerca del programa musical. Para ella, la educación musical no era un lujo, sino una necesidad intelectual, emocional y social. El director de la escuela tuvo poco que decir excepto por: «Pues no podemos tenerlos soplando en instrumentos durante una pandemia. Bien, pasemos a otras cosas».

Pero esa mamá no iba a permitir que la hicieran a un lado.

—La verdad es que no quiero que pasemos a otros temas —afirmó—. ¿Por qué no puede darme una respuesta? ¿Por qué todo tiene que ver con los deportes?

Estaba furiosa, pero también un poco preocupada; era más que posible que los niños perdieran su programa de educación musical de todo el año. La incertidumbre la estaba haciendo actuar con fiereza; estaba protegiendo las necesidades de sus propios hijos, y las de los demás, con absoluta fiereza. Como lo expresó Anya: «No hay nada tan poderoso como preocuparte por tus hijos. Métete con mis hijos y ¡cuidado!». Y que no te quede la menor duda de que esa madre siguió insistiendo hasta que la escuela terminó por pensar en la manera de continuar con el programa de música.

La incertidumbre nos brinda fiereza cuando la necesitamos. También nos hace seguir creyendo que podemos actuar para tomar el control de lo que sea que pueda atravesarse en nuestro camino. Durante la pandemia, encontré consuelo en una estrategia de control de lo más banal: hacer listas. No subestimes el poder de una buena lista. La ciencia de la elaboración de listas —¡sí, hay una ciencia de la elaboración de listas!— muestra que organizar lo que queremos lograr o recordar de forma lineal tiene una variedad de beneficios.[5] Hacer listas aumenta nuestra sensación de bienestar y de control personal. Los estudios de memoria y envejecimiento muestran que solo hacer una lista, en especial una que esté bien organizada y que sea estratégica, puede ayudar a las personas mayores a recordar elementos y hechos de la misma manera que los jóvenes; incluso sin tener que consultar la lista.

Durante el confinamiento escribía horarios para mis hijos y para mí también. Eran como señalizaciones de camino que

---

[5] Orah R. Burack y Margie E. Lachman, «The Effects of List-Making on Recall in Young and Elderly Adults», *Journals of Gerontology: Series B: Psychological Sciences and Social Sciences* 51B, núm. 4 (1996): pp. 226-233, doi:10.1093/geronb/51b.4.p226.

nos mantenían en movimiento hacia un destino, aunque no siempre estuviéramos seguros de cuál podría ser este. Dividíamos el día en mañanas, tardes y noches, y anotábamos actividades para cada parte. A las 8:30 empieza la escuela por Zoom, pero hay un momento para descansar y para tomar una agradable caminata como a las 12:30, antes del almuerzo. A la 1:00 vuelven a empezar las clases por Zoom, pero, por fortuna, va seguida de una fiesta de baile familiar antes de la cena. ¡Sí! Ya sabes cómo es el asunto.

Esas listas nos dieron una sensación de control porque lograron mantenernos yendo hacia adelante con una finalidad. Aparte, hicieron más que eso: despertaron hábitos nuevos. Empezamos a hacer senderismo como familia y descubrimos que nos encantaba y eso solo porque lo incluimos en una lista. Hicimos listas de nuestras recetas favoritas y nos aseguramos de tener los ingredientes siempre a la mano en lugar de limitarnos a calentar comidas congeladas en el microondas (aunque eso también lo llegamos a hacer). Las comidas se convirtieron en un ritual que anticipábamos porque nos ofrecía una sensación de conexión y de propósito. También hice listas de las cosas que quería hacer con mayor frecuencia durante la pandemia porque abrazar la incertidumbre me condujo a priorizar las cosas de otra manera; tuve la suerte de poder pasar más tiempo escribiendo, haciendo cosas con mi familia y dedicándome a pasatiempos que casi había olvidado. Otras personas se toparon con menos tiempo y con nuevas dificultades, pero cualquiera que haya sido nuestra experiencia con la pandemia, muchos nos decidimos a atrevernos a todo porque, al no saber lo que podría suceder el día de mañana, ¿qué teníamos que perder?

Todo esto no significa que la experiencia haya sido alguna especie de alegre festival de listas para mí y para mi familia. Al contrario. Hubo días llenos de desesperación, agotamiento y falta de esperanza. Mi hijo, que se preocupa por todo, y mi hija, que no se preocupa por nada, tuvieron que enfrentarse a sus temores relacionados con el COVID-19 y con muchas otras cosas. Sin embargo, en esos días que eran malos nos íbamos a la cama, nos levantábamos a la mañana siguiente, y juntos nos enfrentábamos a la incertidumbre de la vida una vez más. Quizás hacíamos alguna lista o quizás no, pero lo hacíamos juntos y día con día tratamos de tomar pequeños pasos para adquirir una sensación de control, para crear certidumbre a partir de la incertidumbre.

De hecho, el poder de mantenernos juntos fue otra lección que todos aprendimos, cortesía de la incertidumbre. Es posible que algunos creamos que la mera fuerza de voluntad —reprimir sentimientos y acciones indeseados y resistirse a las tentaciones a corto plazo con el fin de alcanzar las metas a largo plazo— sea la mejor forma de superar la adversidad. Pero la fuerza de voluntad no bastó cuando nos enfrentamos con el caos y con la absoluta y total disrupción de todo en lo que pensamos que podíamos contar. No nos fue posible obligarnos a sentirnos bien, a hacer lo que necesitábamos hacer y a tener nuestra vida normal de vuelta. Y mientras más lo intentamos, más nos sentimos agotados y menos capaces de controlarnos a nosotros mismos, como nos lo demuestra la ciencia de la fuerza de voluntad.

Igual que cuando somos demasiado estrictos con una dieta o demasiado intensos con un régimen de ejercicios, llega el momento en que simplemente no podemos seguir haciéndolo.

De todos modos fue necesario que durante la pandemia ejerciéramos el autocontrol, la precaución y la sabiduría. Entonces, ¿qué fue lo que hicimos? Si tuvimos suerte, quizás hayamos aprendido lo que los investigadores en psicología social han sabido durante casi 20 años: que cuando necesitamos un mayor autocontrol y la fuerza de voluntad no basta, nuestros sentimientos de cercanía, cuidado y aprecio por nuestros seres amados pueden llenar el vacío.[6] Solo sentirnos agradecidos hacia otras personas, por ejemplo, mejora directamente nuestro autocontrol. En una versión adulta del famoso experimento de los malvaviscos de Stanford, en el que se les da a los niños la elección de comerse un malvavisco en el momento o de esperar un poco y comerse dos malvaviscos más tarde, se cambiaron los malvaviscos por dinero. A la mitad de los sujetos se les pidió que se tomaran unos momentos para recordar a alguien con quien estaban agradecidos, cosa que no se hizo con la otra mitad. Aquellos que sintieron gratitud estuvieron dispuestos a sacrificar el doble de dinero en el momento con tal de obtener más dinero a futuro que sus contrapartes ingratas.[7] De nuevo, en ese caso,

---

[6] David DeSteno, «Social Emotions and Intertemporal Choice: 'Hot' Mechanisms for Building Social and Economic Capital», *Current Directions in Psychological Science* 18, núm. 5 (2009): pp. 280-284, doi:10.1111/j.1467-8721.2009.01652.x.

[7] Leah Dickens y David DeSteno, «The Grateful Are Patient: Heightened Daily Gratitude Is Associated with Attenuated Temporal Discounting», *Emotion* 16, núm. 4 (2016): pp. 421-425, doi:10.1037/emo0000176.

la incertidumbre los ayudó al dirigirlos hacia uno de los recursos más preciados con los que contamos: la conexión humana.

¿QUÉ TIENE QUE VER LA ANSIEDAD CON ESO?

Durante la pandemia la incertidumbre nos inspiró a tomar medidas; todo, de usar cubrebocas a hacer listas, de ejercer precaución a fijarnos en los detalles y de luchar con fiereza por lo que necesitaban nuestras comunidades a sacar provecho de nuestras conexiones sociales satisfactorias.

¿Pero hizo alguna diferencia en nuestros niveles de ansiedad?

Durante los primeros seis meses de la crisis de COVID-19 mis colegas y yo monitoreamos los síntomas de trastornos de ansiedad de 1339 adolescentes provenientes de tres países: Estados Unidos, Países Bajos y Perú.[8] Ya habíamos seleccionado a los adolescentes para que formaran parte de nuestra investigación antes de la pandemia porque estaban teniendo problemas graves de ansiedad. Supusimos que la pandemia los hundiría todavía más y que les ocasionaría preocupaciones y temores debilitantes.

Nos equivocamos.

Los adolescentes se mantuvieron resilientes; la gravedad de su ansiedad se mantuvo estable, sin crecer ni decrecer,

---

[8] Marjolein Barendse *et al.*, «Longitudinal Change in Adolescent Depression and Anxiety Symptoms from Before to During the COVID-19 Pandemic: A Collaborative of 12 Samples from 3 Countries», 13 de abril de 2021, doi:10.31234/osf.io/hn7us.

incluso cuando estuvieron en confinamiento. Investigaciones que se hicieron en el Reino Unido mostraron un patrón semejante: durante la pandemia los niveles de ansiedad se mantuvieron estables en un grupo de 19 000 individuos de ocho a 18 años de edad.[9] No solo eso; hasta 41% informó que se sintió *más feliz* durante el confinamiento que antes de la pandemia y 25% informó que su vida era mejor que en tiempos anteriores. Aunque algunas de estas tendencias podrían atribuirse a que los jóvenes estaban experimentando menos demandas sociales y una menor cantidad de factores de estrés (piensa en una menor presión social de parte de sus compañeros), el confinamiento no fue para nada sencillo.

En otras palabras, la lección no es que la abrumadora incertidumbre de la pandemia no haya sido angustiante o no nos haya provocado ansiedad. Sin duda que así fue. Más bien, en la ecuación final, lo que determina nuestro bienestar no es la existencia de una incertidumbre abrumadora, sino lo que hacemos con ella.

Y aquí es donde la ansiedad se convierte en la salsa secreta. Cuando sentimos la tensión del futuro caprichoso e incierto, la ansiedad nos anima a actuar. Nos da el valor para evitar los desenlaces negativos y nos espabila para que descubramos posibilidades que quizás no hubiéramos imaginado antes. La ansiedad no nos permite quedarnos sentados de manera pasiva para convertirnos en víctimas. Nos impulsa a hacer cosas. Y aunque tal vez no siempre sean las cosas

---

[9] Polly Waite *et al.*, «How Did the Mental Health of Children and Adolescents Change During Early Lockdown During the COVID-19 Pandemic in the UK?», 4 de febrero de 2021, doi:10.31234/osf.io/t8rfx.

correctas o las más eficaces, el mero acto de hacer algo, de tomar medidas en respuesta a la incertidumbre, nos hace sentir mejor y, en muchos casos, conduce a cosas buenas. La ansiedad no es la única emoción que puede ayudarnos a lograrlo, pero es un sentimiento de lo más poderoso cuando aprendemos a sacar provecho de él.

Estos son los dones de la ansiedad. Sin ella, creo que no habríamos persistido a través del maratón de la pandemia de forma tan adecuada. Piensa en la incertidumbre como el disparo de inicio de la carrera y en la ansiedad como parte de la energía, de los músculos y de los tendones que nos impulsaron hasta la meta final.

− 8 −

CREATIVIDAD

Así, nuestro poder humano para resolver el conflicto entre la expectativa y la realidad, nuestro poder *creativo*, es, al mismo tiempo nuestro
poder para trascender la ansiedad neurótica y
convivir con la ansiedad normal.

ROLLO MAY, *The Meaning of Anxiety*
(El significado de la ansiedad)[1]

EN 2017 DREW se mudó a la ciudad de Nueva York en
busca de una carrera en el teatro. Fue una transición
importante, de modo que un día, cuando se encontraba
caminando por la ciudad y comenzó a sentirse tenso y nervioso, no lo sorprendió en absoluto. Sin embargo, no pasó
mucho tiempo antes de que empezara a sentir la garganta
seca y cerrada, lo que le dificultaba inhalar. A medida que
se volvió más y más difícil respirar, experimentó una sensación de zozobra agobiante, como si algo terrible estuviera
a punto de suceder. Cuando nada de lo que hizo pareció
servirle de ayuda se subió al metro para alejarse de la

---

[1] Rollo May, *The Meaning of Anxiety* (Nueva York: W. W. Norton,
1977), p. 370.

sensación, en términos literales y figurativos. Pero dirigirse bajo tierra solo empeoró las cosas; su corazón se aceleró, empezó a sentir dolores de pecho y comenzó a jadear en un intento por respirar. Tembloroso y bañado en sudor, logró bajarse del metro y llegar hasta su casa, donde colapsó sobre su cama para, al fin, desconectarse de todo.

Ese fue el primer ataque de pánico de Drew; duró casi un día entero.

Al paso de los meses siguientes tuvo muchos más ataques y decidió buscar ayuda por medio de terapia. Fue allí donde su perspectiva acerca de la ansiedad empezó a transformarse. «Ese primer ataque de pánico y los que le siguieron fueron experiencias horripilantes», dijo, «pero también fueron regalos porque me obligaron a confrontarme cara a cara con mi ansiedad. A causa de ello, he crecido más como ser humano de lo que jamás hice antes. La ansiedad es mi maestra».

Drew no se alejó de su ansiedad; la exploró e incluso creó una obra multimedia de teatro llamada *Variations on a Panic Attack* (Variaciones sobre un ataque de pánico) que se describió como «una conceptuación de la mente cundida por el pánico como un imponente paisaje sonoro de metal melódico». En una representación de la obra para un taller, Drew y su banda de cuatro integrantes suben al escenario mientras una extraña música ambiental llena el espacio. Se escucha una voz femenina computarizada del servicio subterráneo de la ciudad de Nueva York: «Este es el tren E en dirección al World Trade Center». Al micrófono, Drew describe cómo se subió al tren mientras lo embargaba el pánico.

La música sube de volumen de manera gradual y se hace cada vez más discordante, hasta que empiezan a escucharse los sonidos del tren que emite un chirrido estridente. Es de lo más abrumador. El público, cada vez más incómodo, no está seguro de cómo reaccionar, pero todos estamos prestando atención. A la larga, poco a poco, la disonancia cacofónica se convierte en el sonido de una banda que está tocando en sincronía; todavía a un volumen elevado, pero la melodía y el ritmo ya no están en conflicto porque empiezan a trabajar en conjunto.

Al ver *Variations on a Panic Attack* experimentamos un poco de lo que Drew aprendió: que cuando aceptamos la incomodidad de la ansiedad y escuchamos lo que nos está enseñando, podemos crecer y crear y, al final, resolver la disonancia interna que experimentamos cuando estamos ansiosos. Algunos actos de creación inspirados por la ansiedad, como *Variations*, son obras de arte. Otras son tan sencillas y triviales que no parecerían ser creativas en absoluto, hasta que, más bien, nos adentramos en el corazón de la creatividad.

SOBRE LA CREATIVIDAD Y LA COLIFLOR MARCHITA

Cuando pensamos en la creatividad, la mente se dirige de manera predeterminada hacia las labores artísticas: cuadros, libros y obras musicales. También es posible que incluyamos a los inventores que crean nuevas tecnologías o *widgets* más efectivos; pero eso es estrechez de pensamiento. La creatividad se refiere a lo que hacemos *todos* los humanos, y lo hacemos constantemente.

Eso se debe a que la creatividad es cualquier transformación que hagamos para pasar de un estado a otro. Es creatividad cuando, en un momento dado, la mente está en blanco y, al siguiente, hay una idea; cuando hacemos algo nuevo, algo que jamás ha existido exactamente de la misma forma; incluso si se trata de un sándwich de jamón. Es cuando generamos ideas o reconocemos una buena idea cuando nos topamos con ella. Es pensar en alternativas cuando una solución no está funcionando para que podamos resolver un problema y lo comuniquemos. La creatividad es ver conexiones donde otros quizás no lo hagan y perseguirlas con curiosidad, energía y apertura. Piensa en Blockbuster, combínalo con Amazon y tendrás Netflix.

La creatividad es ver posibilidades.

Me acerco al final del día de trabajo y estoy concentrada en fechas límite y en ponerme al corriente con todos esos correos electrónicos de hace dos semanas que parecen estar colgando alrededor de mi cuello como un peso muerto. Volteo al reloj y ¡oh no!, ya es la hora de la cena. Ni siquiera he pensado en qué hacerles a los niños. Bajo las escaleras rodeada de un coro de: «¡Tengo hambre! ¿Qué vamos a comer? ¿Me das algo mientras?». Abro el refrigerador y está vacío. Algo de queso, leche, huevos (¿estarán buenos?) y, en el cajón de las verduras, una cabeza de coliflor ligeramente marchita. Se me va el alma a los pies, mi corazón empieza a latir con fuerza y tengo esa sensación al fondo del estómago que podría o no ser una descarga de adrenalina. ¿Qué hacer? Podría pedir una pizza… por tercera vez esta semana (y apenas es miércoles), pero quiero que mis hijos tengan comidas más sanas con mayor frecuencia, de modo que respiro hondo y empiezo a pensar. Una coliflor vieja no es para nada un inicio de lo más propicio; pero, momento, hay una cosa que se llama internet, de modo que busco «recetas con coliflor» y, de verdad, lo primero que aparece es un artículo titulado «Trece maneras de usar coliflor en tus platillos». ¡Trece! Ahora, mi único problema es elegir entre esta abundancia de recetas: ¿hago la cacerola de coliflor rostizada con queso o las frituras keto de coliflor? Treinta minutos después, resulta que tomé una triste y olvidada coliflor y la transformé en un nuevo favorito para la cena.

No fue mi actitud relajada en cuanto a las comidas ni mi estilo casual de crianza infantil que me impulsaron a crear una cena saludable, fue mi ansiedad: ansiedad acerca de si mis hijos estaban comiendo bien, ansiedad de haberme visto sorprendida y mal preparada para la cena, ansiedad porque me importa que nos reunamos en torno a una comida caliente que no provenga de una caja. Nuestra vida está salpicada de momentos ansiosos, grandes y pequeños, que nos hacen más creativos porque nos ayudan a ver las posibilidades, incluso en una coliflor, para que podamos darle vida a algo valioso que jamás antes existió.

La creatividad es ver las posibilidades y la ansiedad nos ayuda a ver la posibilidad de que existen posibilidades.

La ansiedad también influye en *cómo* somos creativos; lo que los investigadores llaman fluidez, o el simple número de ideas o discernimientos que puede generar alguien, junto con la originalidad, lo novedosas que son dichas ideas. Ambos aspectos de la creatividad cambian de acuerdo con nuestros estados de ánimo.

¿Cómo lo sabemos? Primero, los investigadores inducen estados de ánimo específicos en sus sujetos al pedirles que escriban ensayos acerca de una situación que les generó emociones poderosas o haciendo que vean escenas de películas de gran intensidad emocional.[2] Después miden la creatividad de los sujetos. Resulta que lo que influye en la creatividad no tiene nada que ver con que nuestros estados de ánimo sean positivos o negativos, sino con si son activadores o desactivadores; en otras palabras, si nos *mueven*. Los estados de ánimo activadores, como el enojo, la alegría y la ansiedad, aumentan nuestro nivel de energía y nos motivan a hacer algo. Aunque son una mezcla de sentimientos positivos y negativos, estas emociones activadoras son por completo diferentes a las emociones desactivadoras como la tristeza, la depresión, la relajación y la serenidad, porque estas últimas solo nos apaciguan.

En un estudio de 2008 que llevaron a cabo investigadores de Europa e Israel indujeron estados de ánimo activadores y desactivadores en sus participantes,[3] a quienes se les pidió que hicieran algo creativo: que llevaran a cabo

---

[2] Matthijs Baas *et al.*, «Personality and Creativity: The Dual Pathway to Creativity Model and a Research Agenda», *Social and Personality Psychology Compass* 7, núm. 10 (2013): pp. 732-748, doi:10.1111/spc3.12062.

[3] Carsten K. De Dreu, Matthijs Baas y Bernard A. Nijstad, «Hedonic Tone and Activation Level in the Mood-Creativity Link: Toward a Dual Pathway to Creativity Model», *Journal of Personality and Social Psychology* 94, núm. 5 (2008): pp. 739-756, doi:10.1037/0022-3514.94.5.739.

CÓMO RESCATAR LA ANSIEDAD | 193

una tormenta de ideas para mejorar la calidad de la cátedra en el Departamento de Psicología de la universidad y que anotaran la mayor cantidad posible de ideas, soluciones y sugerencias que se les ocurrieran. Los estados de ánimo desactivadores no tuvieron efecto alguno sobre la creatividad, pero los estados de ánimo activadores, sin importar que fueran positivos o negativos, engendraron mayor fluidez y originalidad. La gente que se sintió un poco más ansiosa (o enojada o feliz) tuvo más ideas, y muchas que fueron más innovadoras. Una de las razones por las que la ansiedad en particular aumentó la creatividad fue que impulsó a las personas a que se mantuvieran haciendo la lluvia de ideas y la solución de problemas por una mayor cantidad de tiempo. Persistieron.

Las emociones activadoras como la ansiedad no solo nos ayudan a persistir, sino también a neutralizar las emociones desactivadoras que pueden interrumpir nuestra creatividad. Si la ansiedad nos inspira a ver la posibilidad de las posibilidades y a persistir en nuestros esfuerzos creativos, incluso cuando la angustia emocional nos desacelera, ¿qué pasa en los casos en que la ansiedad misma es una carga? ¿Ahora va a resultar que es una fuente eterna de creatividad?

La otra semana me desperté a mitad de la noche, el corazón a todo galope, sudorosa y con una sensación de zozobra; no muy diferente a lo que Drew experimentó mientras caminaba por las calles de Nueva York. Eran las 3:17 de la mañana. De inmediato mi mente se dirigió a mis preocupaciones acerca de mi relación con una colega cercana. Las dos no podíamos coincidir en… pues casi en nada, al parecer. Estas ideas no dejaban de correr por mi mente, como si estuviera en una caminadora, y pensaba una y otra vez en las cosas que me molestaban, así como en la última y frustrante conversación que tuve con ella y en lo que debí decirle en lugar de todas las cosas inadecuadas que terminé por decir. No tengo que interpretarte mis sentimientos. Esto no era más que ansiedad. ¿Qué tiene de creativo todo esto?

Este tipo de ansiedad angustiosa es creativa porque es un llamado; una invocación a escuchar y prestar atención al sonido del detector de humo que está sonando para indicarnos que podría haber un incendio. Es un llamamiento a ahondar más en lo que está sucediendo en nuestro corazón y en nuestra mente en lugar de pasarlo por alto como solemos hacerlo porque tememos quedar empantanados en nuestras emociones.

Decidí prestarle atención a esa voz ansiosa, de modo que cuando al fin me levanté de la cama, después de dar vueltas en esta durante un par de horas, supe lo que tenía que hacer: necesitaba iniciar una conversación con mi colega y tenía que ser absolutamente franca. Solo tomar esa decisión disipó la niebla de las preocupaciones de la noche, además de recordarme que tenía una buena cantidad de control sobre la situación y que podía mejorar las cosas haciendo algo más que dedicarme a dar vueltas en la cama por las noches.

La ansiedad es una fuente de creatividad debido a que nos resulta incómoda. Si nos permitimos experimentar esa incomodidad, querremos resolverla. *Necesitaremos hacerlo.*

De modo que tomaremos medidas que mejorarán nuestra vida y que crearán el futuro que deseamos. Darle la espalda a nuestra ansiedad significa darles la espalda a las posibilidades.

Cuando nuestra respuesta a la ansiedad es volvernos creativos, cuando pintamos, plantamos un bello jardín, iniciamos una conversación difícil, o tomamos una vieja cabeza de coliflor del refrigerador para convertirla en una comida bastante decente, podemos ver que las elecciones positivas, no la zozobra y el temor, son los dones de la ansiedad.

Podemos utilizar la ansiedad para ver las posibilidades de manera creativa y para persistir hasta convertirlas en una realidad; pero incluso en ese caso existe un riesgo. Se llama perfeccionismo y también hay ocasiones en que puede ser inspirado por la ansiedad.

OLVÍDATE DEL PERFECCIONISMO; HABLEMOS DEL *EXCELENTISMO*

La ansiedad y el perfeccionismo tienen algunas cosas en común; al igual que la ansiedad, el perfeccionismo hace que nos siga importando lo que pase a futuro y nos energiza para que lo hagamos de la manera correcta. En ese sentido, es un estímulo maravilloso si deseamos lograr y crear; hasta que deja de serlo. Por desgracia, no es maravilloso buena parte del tiempo porque el perfeccionismo no es solo que nos importe lo que pase a futuro y que nos esforcemos para hacerlo correctamente al establecer estándares elevados para nosotros mismos; tiene que ver con lo que sucede cuando fracasamos.

Los estándares que los perfeccionistas establecen para sí mismos se explican por sí solos; son poco realistas, exageradamente demandantes y a menudo imposibles de satisfacer. ¿Qué sucede cuando un perfeccionista no logra alcanzar la perfección? No se recupera de inmediato, ni pasa a lo siguiente, ni se siente orgulloso por haber superado su mejor marca hasta el momento. Además de que, en definitiva, no celebran las pequeñas metas que alcanzan a lo largo del camino. En lugar de ello se castigan por medio de una autocrítica inmisericorde. Para un perfeccionista la vida es de todo o nada; puedes ser un ganador o un absoluto fracasado inservible, y no existe nada entre los dos extremos. Esta interminable búsqueda por lo impecable conduce de manera inexorable a la baja autoestima, a la depresión y al temor al fracaso.[4] A causa de lo anterior, es frecuente que los perfeccionistas terminen logrando mucho menos de lo que aspiran porque se detienen, procrastinan e incluso dejan de asumir retos, porque es mejor no correr la carrera de entrada que perderla y terminar en la ignominia.

Aunque hay similitudes entre la ansiedad y el perfeccionismo, donde la ansiedad nos mantiene moviéndonos hacia adelante, haciendo el intento por averiguar soluciones

---

[4] Thomas Curran *et al.*, «A Test of Social Learning and Parent Socialization Perspectives on the Development of Perfectionism», *Personality and Individual Differences* 160 (2020):109925, doi:10.1016/j. paid.2020.109925.

cuando nos enfrentamos a los obstáculos y por hacer que sucedan cosas buenas, el perfeccionismo nos detiene. Al no permitir la posibilidad de que existan el fracaso o la incertidumbre, el perfeccionismo va estrechando nuestro camino hasta que nos resulta imposible seguir adelante. El perfeccionismo, al igual que la ansiedad extrema y patológica, desestima cualquier posibilidad.

Por fortuna existe una alternativa al perfeccionismo que aprovecha la ansiedad sana, pero que aumenta nuestras capacidades para persistir y crear. Se llama *excelentismo* y se refiere a esforzarnos por alcanzar la excelencia, más que la perfección.[5] Implica establecer estándares elevados pero sin fustigarnos cuando no logramos satisfacerlos. Un *excelentista* se mantiene abierto a las experiencias nuevas, utiliza abordajes únicos a la solución de conflictos, y no tiene problema con cometer errores; siempre y cuando pueda aprender de los mismos para esforzarse hacia los logros excepcionales.

A menudo los excelentistas exhiben niveles superiores de ansiedad en comparación con personas que no son perfeccionistas; además de una mayor escrupulosidad, una mayor motivación intrínseca, una capacidad potenciada para progresar hacia sus metas y mayores sentimientos de bienestar positivo. Lo que no exhiben es más ansiedad debilitante. Tampoco necesitan llevar consigo las demás cargas del perfeccionismo: mayores tasas de desgaste profesional,

---

[5] Patrick Gaudreau, «On the Distinction Between Personal Standards Perfectionism and Excellencism: A Theory Elaboration and Research Agenda», *Perspectives on Psychological Science* 14, núm. 2 (2018): 197-215, doi:10.1177/1745691618797940.

procrastinación intensa, depresión a largo plazo y tendencias suicidas..

El *excelentismo* toma la mejor parte del perfeccionismo —el preocuparse por los detalles, y dedicar mente y cuerpo a lo que estamos creando o logrando— pero se abre a todo lo que podemos lograr, en lugar de cerrarse a ello. La analogía de la tasa de rendimientos nos muestra cómo.

La mayoría de nosotros supone que el trabajo arduo es rentable y, por el contrario, que si una tarea debe llevarse un día y tan solo le dedicamos una hora, los resultados no estarán a la altura. Las investigaciones respaldan esta intuición de manera consistente; cuando los estudiantes dedican más tiempo, esfuerzo y energía a sus estudios, sus calificaciones suben.[6] Cuando las personas se plantean metas difíciles, suelen tener un mejor desempeño que aquellas que se plantean metas fáciles, porque invierten un mayor esfuerzo y compromiso personal. A medida que aumenta el tiempo y la energía que se dedican, la cantidad de éxitos y de desempeño aumenta de forma proporcional. Esta es la zona de rendimientos crecientes; una unidad de trabajo reditúa una unidad de mejora. No es más que aritmética simple.

Sin embargo, las cuentas no son tan sencillas, porque resulta que no solo importa la cantidad del esfuerzo que se invierte, sino también la calidad. Mientras más propositivos en cuanto a nuestros esfuerzos y más claras y obtenibles nuestras metas, mayor nuestro desempeño y aprendizaje. La cantidad de esfuerzo por sí sola puede ser contraprodu-

---

[6] *Idem.*

cente y, cuando eso sucede, llegamos al punto de los rendimientos decrecientes; la eficiencia sale por la ventana y
dedicar más tiempo y más esfuerzo deriva en mejoras cada
vez más pequeñas. Todavía peor, los rendimientos decrecientes pueden convertirse en rendimientos menguantes,
donde dedicar más tiempo y esfuerzo hace que las cosas
terminen por empeorar. Es como añadir horas adicionales
de entrenamiento en el gimnasio además del régimen recomendado, solo para darte cuenta de que te excediste en tu
entrenamiento, por lo que estás tan agotado que ya ni siquiera puedes hacer lo básico. O como si siguieras depilán-
dote las cejas en busca del arco perfecto solo para terminar
casi sin ellas, de modo que tienes que pintártelas, como lo
hacía tu abuelita. Allí es donde el perfeccionismo tiende
a llevarnos a las zonas de los rendimientos decrecientes y
menguantes,[7] donde un mayor esfuerzo por alcanzar la elu-
siva perfección nos hace menos productivos y menos creativos… y nos deja con cejas menos pobladas.

Podemos desglosar cualquier tarea en zonas de rendimientos crecientes, decrecientes y menguantes. Imagina que
dos personas, una perfeccionista y la otra excelentista, están
escribiendo un cuento. ¿En qué zona aterrizará cada uno?
Los dos tienen que determinar cuánto tiempo deben inver-
tir: demasiado poco y la trama será embrollada, la redac-
ción desorganizada y la gramática atroz; el tiempo justo y
estarán en la zona de los rendimientos crecientes: la calidad

[7] Diego Blum y Heinz Holling, «Spearman's Law of Diminishing Returns. A Meta-Analysis», *Intelligence* 65 (2017): 60-66, doi:10.1016/j. intell.2017.07.004.

de la historia mejorará de manera proporcional con cada hora adicional de esfuerzo. Pero es cuando se acercan al final que de verdad se destacan las diferencias entre el perfeccionista y el excelentista. Los perfeccionistas están en muchas mayores probabilidades de caer en la zona de los rendimientos decrecientes, en la que cada hora de trabajo rinde mejoras cada vez más pequeñas en organización, claridad y creatividad.

Y esa es la razón por la cual los perfeccionistas, contradictoriamente, generan trabajo de menor calidad de la que son capaces, sea que estén escribiendo un cuento o haciendo algo un poco más aburrido, como una corrección de estilo.[8] Por ejemplo, las investigaciones muestran que los perfeccionistas se llevan más tiempo que los no perfeccionistas cuando hacen tareas repetitivas o aburridas, que producen más imprecisiones y que trabajan con menos eficiencia.[9] Una obsesión con lo impecable afecta a los científicos de forma muy parecida: los científicos muy perfeccionistas generan menos publicaciones que, además, son de menor calidad y creatividad.[10]

Por otro lado, los excelentistas tienden a evitar estas zonas de peligro. Encuentran el punto justo entre lo per-

---

[8] Patrick Gaudreau y Amanda Thompson, «Testing a 2×2 Model of Dispositional Perfectionism», *Personality and Individual Differences* 48, núm. 5 (2010): pp. 532-537, doi:10.1016/j.paid.2009.11.031.

[9] Joachim Stoeber, «Perfectionism, Efficiency, and Response Bias in Proof-Reading Performance: Extension and Replication», *Personality and Individual Differences* 50, núm. 3 (2011): pp. 426-429, doi:10.1016/j.paid.2010.10.021.

[10] Benjamin Wigert *et al.*, «Perfectionism: The Good, the Bad, and the Creative», *Journal of Research in Personality* 46, núm. 6 (2012): pp. 775-779, doi:10.1016/j.jrp.2012.08.007.

fecto y lo que tan solo está bien, porque pueden ser excelentes, sin ser perfectos. Operan dentro de la zona de los
rendimientos crecientes por periodos más largos porque se
dirigen a metas elevadas, pero alcanzables, e invierten el esfuerzo suficiente, pero no excesivo, para lograr sus mejores
marcas personales. Además, saben cuándo dejar las cosas
en paz. No están atorados en la interminable banda movi-
ble de la perfección.

El excelentismo no solo ayuda a las personas a ser más eficientes y productivas, sino que mejora la calidad de aquello
que crean. En un estudio de 2012 se valoró a casi dos mil
estudiantes universitarios en cuanto al grado de excelentismo
que exhibían; tener estándares personales elevados, pero que
dejaban espacio para cometer errores.[11] Después se les pidió
que llevaran a cabo tareas estandarizadas que sondeaban
diversos niveles de creatividad; desde pensar en una leyenda
ocurrente para una caricatura, hasta la tarea más desafiante de
generar soluciones originales de alta calidad a conflictos del
mundo real. El grado al que alguien era excelentista predijo
la calidad de sus soluciones en las tareas creativas más desafiantes, pero no en las menos desafiantes. En otras palabras,
a mayor excelentismo, mayor la calidad de sus soluciones.
De hecho, el excelentismo realmente hace que las personas
sean *más* excelentes de lo que lo hace el perfeccionismo en
situaciones que de verdad importan.

Thomas Edison afirmó: «No fracasé; solo encontré 10 000
soluciones que no funcionan». Eso es el *excelentismo*, impul-

---

[11] *Idem.*

sado por la ansiedad, en plena acción. Es la capacidad de ver que cuando una posibilidad queda descartada porque fracasó, hay otra que se abre y nos permite esforzarnos para alcanzar logros mayores y más creativos.

Llamados del futuro

Muchas personas atienden al llamado de la ansiedad y la utilizan para alcanzar sus metas. Una de sus principales fortalezas —en ocasiones su genialidad— es que se anticipan al futuro desconocido e incierto y encuentran maneras de ir más allá de su zona de confort para crear algo que no se ha logrado nunca antes. Incluso cuando su ansiedad se eleva considerablemente no es sino hasta que están a punto de ahogarse dentro de esta, cuando se arrojan al interior del río y empiezan a nadar... hacia el futuro.

Los emprendedores tecnológicos de gran éxito son un ejemplo. Dejando de lado las muchas, muchísimas cosas que podemos criticar de ellos, sus logros innegables muestran el elemento común de una inflexible atención hacia el futuro. Tomemos como ejemplo la carrera billonaria hacia el espacio de 2021, en la que Richard Branson, Jeff Bezos y Elon Musk compitieron para ser el primer dueño de una empresa de cohetes en entrar en órbita alrededor de la Tierra. Si lo hicieron con el fin de inspirar a las masas durante la pandemia, su estrategia fue por completo contraproducente; la mayoría de las personas consideró que sus vuelos no fueron más que elaborados paseos de placer para personas obscenamente acaudaladas. Lo que sí mostró es que, aunque algunas personas contemplan el futuro y solo quieren más de lo que ya sucede, otros ven posibilidades... y estas son las que los motivan. Elon Musk, en particular, ha centrado sus energías en moldear el futuro. Parecen historias de ciencia ficción; enviar a personas a Marte, crear interfaces cerebro-computadora que se pueden implantar y evitar que la maléfica inteligencia artificial se adueñe del mundo. Sin importar cuál sea la opinión que tengamos de Musk o de cualquiera de los otros emprendedores, hay algo que está más allá de toda discusión: han ampliado las fronteras de lo que es posible en el presente para crear el futuro que desean ver; para bien o para mal. Independientemente de lo que estén generando sus ansiedades en la actualidad, su atención, sus esfuerzos y una buena cantidad de sus fortunas están enfocados en el futuro.

Pero regresemos las cosas a la Tierra. Las personas utilizan la ansiedad constantemente para tomar decisiones acerca del futuro. Estas decisiones podrán ser menos grandiosas que viajar al espacio y construir interfaces entre las computadoras y nuestro cerebro, pero tienen el potencial de poseer un impacto de verdad positivo sobre la vida de las personas. Un estudio de la Universidad de Alabama examinó las características de las personas que siguen las recomendaciones de los cuidados de seguimiento necesarios después de una cirugía de trasplante de corazón de manera confiable.[12] La participación en los cuidados de se-

---

[12] A. Madan *et al.*, «Beyond Rose Colored Glasses: The Adaptive Role of Depressive and Anxious Symptoms Among Individuals with

guimiento es un poderoso predictor de la recuperación y el pronóstico, pero un importante porcentaje de los pacientes sigue solo algunos de los procedimientos y valoraciones recomendadas, mientras que otros jamás toman ningún tipo de medida de seguimiento en absoluto. En términos anecdóticos, los profesionales de la medicina saben que la ansiedad relacionada con su salud es lo que impide que la mayoría de las personas se adhiera a sus tratamientos; están tan preocupadas de que les digan que no les está yendo bien, que evitan ir al médico por completo. Sin embargo, ocultar la cabeza en la arena no es la mejor de las estrategias. Tenemos que tolerar y manejar la ansiedad de un pronóstico incierto y persistir con el tratamiento. Lo que es más, eso podría incitarnos a hacer un esfuerzo adicional por cuidar bien de nosotros mismos. Y eso es exactamente lo que encontraron los investigadores. Las personas que tenían algo de ansiedad, pero no niveles extremos, tuvieron más probabilidades de seguir el tratamiento recomendado, *y de sobrevivir*, después de la cirugía de trasplante. En este caso, utilizar la ansiedad para tomar decisiones futuras bien puede haberles salvado la vida.

ANSIEDAD ES LIBERTAD

Si la incertidumbre es la pistola de salida que indica el inicio de la competencia y la ansiedad es la energía que nos ayuda a persistir hasta la meta final, la creatividad es la

Heart Failure Who Were Evaluated for Transplantation», *Clinical Transplantation* 26, núm. 3 (2012), doi: 10.1111/j.1399-0012.2012.01613.x.

carrera misma, colmada de posibilidades. En otras palabras, la creatividad emerge justo dentro de la brecha que existe entre la realidad presente y las posibilidades futuras. Ese también es el sitio donde experimentamos la incomodidad de la ansiedad y, si logramos tolerarla y escuchar lo que nos está diciendo, podemos hacer planes a futuro, visualizar obras de arte y generar nuevas ideas. No hay manera de crear algo maravilloso si estás acostado en tu sofá tomándote una siestecita. Creamos excelencia a través del esfuerzo y de lanzarnos hacia la brecha. Si la brecha es extrema, experimentaremos conflicto y angustia. Si no hay conflicto, viviremos sin un impulso y nos quedamos atorados en la inmovilidad. La vida es una serie de brechas como esta, de distintas magnitudes.

Antes, cuando describí la increíble caminata espacial de 2007 del doctor Scott Parazynski para reparar la Estación Espacial Internacional, no mencioné que el veterano de cinco vuelos en el transbordador espacial no se mantenía fresco como lechuga en toda situación. De hecho, aunque es un verdadero aventurero —es una de las pocas personas que alcanzó las alturas máximas tanto en el espacio como en el monte Everest—, Scott estaba aterrado de lo que algunos dirían que es lo contrario de alcanzar esas grandes alturas: la espeleología. Descender hasta el profundo y oscuro interior de la Tierra lo hacía sentir claustrofobia. Era su reto personal, su enorme brecha, donde sentía la ansiedad más intensa e incómoda.

Y así es como sucede con las personas que utilizan su ansiedad bien y de manera creativa; no aman su ansiedad, ni tienen el absoluto dominio de ella en toda situación. Y eso no tiene nada de malo. Porque en algunas esferas clave e importantes de su vida sienten en su ansiedad, para citar a Kierkegaard, el vértigo de la libertad, porque eso las ayuda a darle vida a algo nuevo.[13] En la ansiedad, experimentan posibilidades creativas e infinitas, y la abrazan, en lugar de huir de ella.

---

[13] Søren Kierkegaard, *The Concept of Anxiety: A Simple Psychologically Oriented Deliberation in View of the Dogmatic Problem of Hereditary Sin*, traducción de Alastair Hannay (Nueva York: W. W. Norton, 2014).

9

LOS NIÑOS
NO SON FRÁGILES

Si una ansiedad, como el juego de la luz y las sombras de las nubes, pasa sobre sus manos y sobre todo lo demás que hace, debe suponer que algo está obrando en usted, que la vida no lo ha olvidado, que lo sostiene entre sus manos. No lo dejará caer.

RAINER MARIA RILKE, *Cartas a un joven poeta*[1]

CUANDO MI HIJO CUMPLIÓ nueve años de edad decidí que era momento de que aprendiera a andar en bicicleta. Es un chico citadino, de modo que aunque ya llevaba tiempo yendo y viniendo como bólido por el centro de Manhattan en una motoneta desde que tenía cuatro años de edad, las bicicletas seguían siendo un misterio para él. Eso me molestaba. ¿Se estaba perdiendo de una infancia ideal? ¿Quedaría varado cuando sus amigos salieran volando con sus bicicletas, como los Goonies, en busca de alguna aventura? De modo que ese verano, mientras pasamos

_____
[1] Rainer Maria Rilke, *Letters to a Young Poet*, traducción de Stephen Mitchell (Nueva York: Vintage Books, 1984), 110.

un tiempo en el norte del estado de Nueva York, supe que era el momento perfecto para enseñarle. Tenía una vieja BMX de los ochenta, una Gremlin, guardada en la cochera. Y créeme cuando te digo que ya no las hacen así. En comparación con las bicis ultraligeras que los chicos usan en la actualidad, esta era una bestia: sólida, pesada, casi como un tanque; para nada fácil aprender en ella.

Con todo y los retos que representaba la Gremlin, a Kavi le fue bastante bien la primera vez que la usó… pero se sentía miserable. No dejaba de quejarse de que era muy difícil y de que estaba agotado. Empezó a gimotear: «¿Qué tal que me caigo?» y, al final, en un suspiro a medias: «Tengo miedo». Pero no había nada que me detuviera. Minimicé: «¿Qué es lo peor que podría pasarte, un raspón en una rodilla?»; lo presioné: «¡Vamos, amiguito! ¡Mantente alerta! ¡Mira al frente!»; exudé bonhomía: «¡Puedes hacerlo, mi amor! ¡Vamos, eres maravilloso! ¡Eres *fantástico*!». Después de 30 minutos de lo mismo empezó a adquirir el aspecto de una apretada pelotita de estrés, de modo que decidí finalizar la sesión. Mientras caminábamos pesadamente por la colina camino a casa seguí dándole lo que estaba segura de que eran discernimientos útiles y consejos sabios.

Una vez que llegamos, Kavi salió corriendo a su habitación sin decir una sola palabra. Suspirando, saqué mi teléfono, que usé para filmar a Kavi mientras andaba en la bicicleta, y vi que seguía grabando. Sin duda, habría capturado toda la lección y la charla motivacional que le di mientras regresábamos a la casa. Excelente, pensé, la escucharé y podré averiguar cuándo y cómo es que las cosas terminaron mal.

Si hubiera sabido lo que estaba a punto de escuchar, lo habría borrado en ese mismísimo instante.

YO: *Excelente. Muy bien. Vamos, Kavi. Estoy a punto de darme por vencida. Estoy haciendo mi máximo esfuerzo por brindarte todo mi apoyo y tú no estás haciendo nada más que portarte como un gruñón de primera.*

KAVI: *(con la voz al borde de las lágrimas) Estoy tratando.*

YO: *Vas bien, solo que no has dejado de quejarte ni un segundo en todo este tiempo.*

KAVI: *De verdad estoy tratando.*

YO: *Eres increíble. ¿Por qué te estás comportando de manera tan negativa?*

KAVI: *No lo sé. Tengo miedo.*

YO: *No tienes miedo. No hay nada a qué tenerle miedo. Lo hiciste perfecto. No te caíste ni una sola vez. Tal vez debería tirarte de la bicicleta para que te des cuenta de que no es para tanto y entonces sí se te pasaría.*

KAVI: *(gimoteo de angustia).*

YO: *Kavi, de verdad, solo te estás convenciendo a ti mismo de que tienes miedo y no sé por qué lo estás haciendo.*

KAVI: *Tienes razón.*

YO: *Lo estás haciendo a la perfección. Eres excelente. Y solo te estás diciendo: «Tengo miedo, tengo miedo», y no es así. Lo estás haciendo de maravilla. Ni siquiera te has caído, no tienes ni un solo moretón.*

KAVI: *Lo sé.*

YO: *De modo que lo que necesito hacer aquí es darte algo de amor con mano dura. Tienes que entrar en razón ya.*

Esto siguió por otro minuto o un poco más.

Cuando terminó, estaba llorando como una loca. Mi percepción de lo que le había dicho era por completo diferente de la realidad. En lugar de mostrarme firme, pero llena de apoyo, me convertí en una absoluta caricatura de esos padres tipo A: desestimé sus sentimientos, lo avergoncé, demandé que hiciera las cosas y, en esencia, le dije que se comportara «como hombrecito». Supe que tenía que arreglarlo, pero me perturbó la pregunta de por qué. ¿Por qué había hecho caso omiso de sus comprensibles ansiedades acerca de aprender a andar en bicicleta? A nivel intelectual, lo sabía de sobra, de modo que eso significaba que había una sola razón para ello: quería que su ansiedad desapareciera porque me estaba incomodando *a mí*. ¿Por qué? Porque significaba que era frágil.

Por fortuna, no pude haber estado más equivocada.

ANTIFRAGILIDAD

¿Cuál es el trabajo de los padres? Cuando nuestros niños son muy pequeños, es protegerlos, arreglar las cosas que salgan mal y asegurarnos de que estén bien alimentados. A medida que crecen e ingresan en la adolescencia, cambiamos a un papel de consultoría, donde les brindamos apoyo y consejos y les enseñamos las habilidades que necesitan para arreglar las cosas por sí solos. Como consultora, cuando mi hijo se mete en una pelea física con alguno de sus amigos, empiezo a hacer una tormenta de ideas junto con él acerca de cómo puede manejarlo en lugar de hablarles a los padres de sus amigos para intervenir. Cuando mi hija recibe una mala calificación, lo primero que hago es hablar con ella acerca de los pasos que puede tomar para estudiar de manera eficaz y para buscar el apoyo de su maestra en lugar de hablarle yo misma para quejarme y cuestionar la calificación. A medida que nuestros hijos crecen, nuestro trabajo es hacer menos y no más, darles la oportunidad de caerse y de volver a ponerse de pie ellos mismos.

Sin embargo, en la actualidad, cuando miramos alrededor a nuestros hijos, las aleccionadoras estadísticas podrían hacernos cuestionar la sabiduría de permanecer en ese papel de consultores: hay muchísimas formas en las que se pueden caer y ¿de verdad pueden volver a levantarse solos?

Empecemos con el futuro de nuestros hijos. Dejando de lado el desastroso cambio climático, la amenaza de pandemias futuras y las perturbadoras tendencias políticas, por lo menos podemos asegurarles lo que se nos garantizó a muchos de nosotros mientras estábamos creciendo: trabaja duro y tendrás una buena vida. ¿De verdad? Quizás no. Los jóvenes de hoy, en comparación con sus padres y abuelos, tienen menores probabilidades de tener un empleo remunerado, menores probabilidades de tener casa propia, una probabilidad de apenas 50-50 de ganar más dinero que las generaciones anteriores a la misma edad y es más probable que tengan que cargar con préstamos estudiantiles más onerosos.

Y, aparte, está la salud mental de nuestros hijos; están batallando. Los padres y las escuelas han dado la voz de alarma en cuanto a que las preocupaciones y los temores están interfiriendo con la capacidad de nuestros niños, incluso de los más pequeños, de aprender, de llevarse con los demás y de divertirse; de que los niños sean niños. Y una vez que se acercan a la adolescencia, la situación se vuelve todavía más preocupante. En cualquier año dado, 18% de los adolescentes padecerá algún trastorno de ansiedad y, para el momento en que cumplan los 18, un impactante 33% de ellos ya lo habrá hecho; eso es más de 10 millones de jóvenes tan solo en Estados Unidos.[2] Y los chicos están más que conscientes de la gravedad del problema. Un informe del Centro de Investigaciones Pew, publicado en 2019, mostró que 96% de los adolescentes encuestados creía que la ansiedad y la depresión eran un problema importante entre sus pares, y 70% afirmó que se trataba de un problema grave.[3] Y tienen toda la razón, porque los 10 millones de jóvenes que experimentan un trastorno de ansiedad también están en muchas mayores probabilidades de sufrir durante su adultez; no solo de ansiedad continuada, sino de depresión, adicciones y problemas médicos. La ansiedad adolescente es el portal de entrada a la mala salud mental y física en el futuro.

Tomamos estas estadísticas como señales de la fragilidad de la generación actual. Ayuda a explicar el aumento de

---

[2] «Mental Illness», National Institute of Mental Health, https://www.nimh.nih.gov/health/statistics/mental-illness.

[3] Juliana Menasce Horowitz y Nikki Graf, «Most U.S. Teens See Anxiety, Depression as Major Problems», Pew Research Center, 20 de febrero de 2019, https://www.pewresearch.org/social-trends/2019/02/20/most-u-s-teens-see-anxiety-and-depression-as-a-major-problem-among-their-peers/.

la tendencia que discutí en el capítulo 4: la proliferación de espacios seguros y de mensajes de advertencia. Aquí el punto no es «no te preocupes acerca del futuro». Francamente, a mí también me preocupa. Sin embargo, proteger a nuestros hijos de manera constante de la angustia emocional y enseñarles a que ellos hagan lo mismo no es la solución. Es el absoluto contrario de lo que deberíamos hacer porque, a pesar de los estreses a los que nos enfrentamos en el mundo, los seres humanos no somos frágiles. Somos antifrágiles.

Algo que es frágil se rompe con facilidad y debe manejarse con sumo cuidado. Cuando algo frágil termina por romperse —imagina una tacita de porcelana que se te resbala de las manos y que explota en mil pedazos sobre el piso— jamás puede volver a armarse como estaba porque las fracturas siempre serán visibles.

La antifragilidad es lo contrario de la fragilidad. Es la calidad de hacerte más fuerte *como consecuencia de* los retos, dificultades e incertidumbres. Eso la hace diferente de conceptos relacionados tales como resiliencia, robustez y la capacidad para resistir y recuperarse de un desafío. Las cosas antifrágiles no solo se recuperan, como lo haría una rama flexible que no se rompe en una tormenta; la verdad es que mejoran gracias a la aleatoriedad, la volatilidad y el desorden. Necesitan del caos para florecer.

Y esa es la razón por la que los seres humanos son antifrágiles en términos fundamentales.

Considera el sistema inmunitario. Es antifrágil porque necesita verse expuesto a los gérmenes y a los patógenos que lo ponen a prueba para que pueda aprender a montar una respuesta inmune. Sin esta exposición, somos como el chico de la burbuja de plástico que, al carecer de un sistema inmunitario que funcionara, no podía sobrevivir en el exterior. De hecho, cuando no hay desafíos a los que sobreponerse, los sistemas antifrágiles se vuelven rígidos, débiles e ineficientes. Cuando la vida siempre es predecible, segura y cómoda, no hay necesidad de responder por medio del esfuerzo y la creatividad. Los huesos y músculos son antifrágiles por la misma razón: pasar un mes en cama lleva a la atrofia; desafiar a nuestro cuerpo lo hace más fuerte.

La ansiedad también es antifrágil. Cuando nos permitimos experimentar la incomodidad de nuestras preocupaciones, temores e incertidumbres nos vemos desafiados; pero también motivados a tomar las medidas que superen nuestros problemas y alivien el dolor. A causa de esto, manejaremos la ansiedad de mejor manera la siguiente ocasión. Cuando cometemos un error garrafal, es nuestra capacidad para sufrir a través de la ansiedad de hacerlo todo mal la que fortalece nuestra capacidad para persistir a la siguiente que metamos la pata. En otras palabras, la forma de generar un sistema inmunitario emocional fuerte es permitiéndonos sentir las emociones difíciles y presionándonos a tolerar el dolor emocional. Si construimos nuestra vida con la meta de evitar estos sentimientos infelices y de destruir toda forma de incertidumbre y aleatoriedad, nos veremos impedidos de utilizar nuestra naturaleza antifrágil para transitar por los retos de la vida de la mejor manera que podamos.

Desde esa perspectiva, proteger a nuestros hijos de su ansiedad es exactamente lo peor que podríamos hacer. Sin la oportunidad de poner su ansiedad en práctica, los niños no podrán aprender a encontrar las posibilidades dentro de la incertidumbre, ni a ser creativos frente a la adversidad. No nacemos sabiendo cómo manejar la ansiedad, del mismo modo en que no nacemos con un sistema inmunitario que haya optimizado su poder para luchar contra los gérmenes. Pero ambos sistemas antifrágiles aprenden de los retos y son capaces de encontrar su camino.

Nassim Nicholas Taleb, quien acuñó el término de *antifragilidad*, la describió de forma verdaderamente bella en su libro acerca del tema: el viento apaga a la vela, pero energiza al fuego, escribió, de modo que «quieres ser el fuego y deseas el viento».[4]

Eso no significa que deberíamos permitir que nuestros niños se enfrenten a desafíos abrumadores solos y sin ayuda; incluso una ardiente hoguera de antifragilidad puede verse sofocada por un huracán de estrés o trauma emocional. Permitirles que estén en situaciones muy desafiantes de alta intensidad necesita equilibrarse con brindarles consuelo y apoyo. Sin embargo, las investigaciones confirman que, cuando de ansiedad se trata, debemos permitir que los niños sientan el viento.

En 2019, 124 niños de entre siete y 14 años de edad, todos ellos diagnosticados con algún trastorno de ansiedad, acudieron, junto con sus padres, al Centro de Estudios Infantiles de la Escuela de Medicina de Yale para formar parte de un estudio de investigación.[5] Sus padres iban en busca

---

[4] Nassim Nicholas Taleb, *Antifragile: Things That Gain from Disorder* (Nueva York: Random House, 2016), p. 3.

[5] Eli R. Lebowitz *et al.*, «Parent-Based Treatment as Efficacious as

de terapia cognitivo conductual (TCC) para ellos porque sabían que era el tratamiento de elección que más funcionaba para la ansiedad. Sus hijos explorarían sus preocupaciones y temores, y poco a poco aprenderían a confrontarlos, a identificarlos y a reconfigurar sus pensamientos dañinos, como las ideas catastróficas y las autocríticas exageradas, además de que empezarían a utilizar nuevas estrategias y comportamientos para manejar su ansiedad. Sin embargo, como parte del estudio, la mitad de los padres acordó no utilizar esa terapia de primera para sus niños y, en lugar de ello, se sometieron a terapia ellos mismos. Era un nuevo tipo de terapia de crianza infantil y tenía una sola meta, muy específica: enseñar a los padres a dejar de eliminar la ansiedad de sus hijos.

La terapia de crianza infantil se denomina SPACE, por sus siglas en inglés: *Supportive Parenting for Anxious Childhood Emotions* (apoyo parental para las emociones infantiles de ansiedad). Está estrechamente centrada en el hecho de que los padres de niños ansiosos tienden a tratar de adaptarse en exceso a las ansiedades de sus hijos. Si un niño tiene ansiedad de volar, la familia se va de vacaciones en auto; si el niño es tímido y ansioso en situaciones sociales, los padres dejan de recibir a sus amistades en casa; y si el niño no tolera estar separado de su familia, pasan cada momento posible con él, incluso permitiéndole que falte a la escuela.

Cognitive-Behavioral Therapy for Childhood Anxiety: A Randomized Noninferiority Study of Supportive Parenting for Anxious Childhood Emotions», *Journal of the American Academy of Child & Adolescent Psychiatry* 59, núm. 3 (2020): pp. 362-372, doi:10.1016/j.jaac.2019.02.014.

Todos estos esfuerzos bienintencionados tienen por objeto ayudar a los niños; pero como podrá decírtelo cualquier padre de familia, también ayudan a los padres; es difícil ver que nuestros niños sufran y batallen y, al consolarlos, nos consolamos a nosotros mismos.

Sin embargo, esa táctica suele ser contraproducente. Evitar las situaciones ansiógenas podrá consolar a nuestros niños ansiosos en el momento; pero, a la larga, este tipo de actitud impedirá que los niños aprendan a manejar las situaciones que les provocan ansiedad.

SPACE les enseñó a los padres a permitir que sus hijos se sintieran ansiosos, pero de manera sustentada, reconociendo las emociones de los niños, comunicándoles su confianza en su capacidad para afrontar dichas situaciones y ayudándolos a pasar por ellas en lugar de evitarlas. Por ejemplo, si Solveig se niega a ir a la escuela porque no tolera estar lejos de su padre, a papá se le enseña a decir: «Sé que te sientes alterada en este momento, pero puedes manejarlo. Vas a estar bien», y después mandan a Solveig a la escuela de todas formas. Si la familia de Kabir ha dejado de invitar a sus amistades porque es tímido en extremo y no sale de su habitación cuando hay otras personas en casa, sus padres invitarán a amigos de confianza y a miembros de la familia para que acudan a visitas cortas al inicio y después por tiempos más prolongados, asegurándose de que Kabir esté presente para que poco a poco se sienta más cómodo y confiado.

El cambio no sucedió de la noche a la mañana, pero después de 12 semanas de terapia de crianza infantil, 87%

de los niños cuyos padres recibieron la terapia SPACE mostraron cantidades significativamente menores de ansiedad y una adaptación más positiva; desenlaces igual de buenos que aquellos para los niños que se sometieron a la TCC de primera. Al hacer menores acomodos para los niños y al darles un mayor apoyo, estos padres no solo ayudaron a sus hijos, sino que aprendieron que sus niños no eran tan frágiles como temían.

No todos tenemos la suerte de acudir a terapia de crianza infantil, pero hay cosas pequeñas que podemos hacer para promover la antifragilidad de nuestros hijos frente a la ansiedad, como si fueran vacunas de refuerzo para sus sistemas inmunitarios emocionales.

De entrada, podemos permitir que nuestros hijos aprendan a tolerar sus sentimientos de ansiedad. Cuando mi hijo estaba en cuarto grado, hubo un día en que olvidó la tarea de matemáticas en la escuela. Cuando se percató de que no se encontraba en su mochila, rompió en llanto, empezó a dar vueltas de un lado al otro y comenzó a jadear, como si estuviese hiperventilando. Le di un vaso de agua y lo senté. Llegamos a una buena solución juntos: le pediríamos a la mamá de uno de sus compañeros de clase que nos enviara una fotografía de la tarea, para que Kavi pudiera copiarla a mano.

¡Problema resuelto! Pero no tanto, porque fue cuando reveló lo que en realidad lo tenía preocupado: que su amada maestra, la señorita Z, de todas maneras se enteraría de que había olvidado su tarea y que pensaría mal de él. La anticipación de tener que enfrentarse a su desaprobación a la mañana siguiente multiplicó su ansiedad por 10. Me rogó que le escribiera a la señorita Z para dejarle saber que en realidad había hecho la tarea y que la entregaría sin falta a la mañana siguiente. Solo hablar de que le escribiera un correo lo calmó de modo evidente.

Sin embargo, para su enorme consternación, me negué a hacerlo. Le expliqué la razón de ello; le dije que tolerar la incomodidad de la ansiedad era la manera en que podíamos aprender a manejarla. No le gustó esa explicación. De modo que ahora estaba preocupado y furioso conmigo. Pronto empecé a sentir que aumentaban mis propios niveles de ansiedad; no era fácil verlo así de alterado por algo que me estaba negando a hacer por él. Incluso hicimos una minisesión de TCC que nos ayudó a sentir mejor a los dos; cosas como explorar los detalles de sus preocupaciones, hablar acerca de si la señorita Z de verdad se molestaría con él, y practicar ejercicios de respiración para relajarnos. Y aunque se calmó un poco, su ansiedad no desapareció; esa noche, cuando se fue a la cama, estaba inquieto y preocupado.

Al día siguiente, cuando regresó de la escuela, corrió hasta mí con una hoja de papel en la mano: «No te lo voy a contar. ¡Te lo voy a enseñar!». Y allí estaba su tarea de matemáticas copiada a mano, con la máxima calificación posible en la parte superior, junto con las palabras: «¡Excelente trabajo por encontrar una manera de cumplir con tu tarea!». Kavi descubrió que hay veces en que las recompensas de encontrar una solución creativa van de la mano con la ansiedad de intentar algo nuevo.

Pude haberle escrito a la señorita Z para deshacerme de su ansiedad. Y además, lo habría hecho con la mejor de las intenciones, y tanto él como yo hubiéramos dormido mejor esa noche. Sin embargo, Kavi habría perdido la oportunidad de aprender que podía tolerar la incomodidad de la ansiedad, y lograr algo positivo en el proceso. Es en estos momentos rutinarios y de lo más comunes en los que apoyamos o saboteamos la antifragilidad emocional. Por desgracia, este sabotaje no deliberado se está convirtiendo en la nueva normalidad con rapidez.

LOS QUITANIEVES EMOCIONALES

La crianza infantil protectora ha evolucionado a lo largo de los últimos 50 años. En los setenta y ochenta se arraigó la idea del peligro de los desconocidos y del movimiento de los niños perdidos, acelerado por la trágica desaparición de Etan Patz, de seis años de edad, el primer niño cuyo rostro apareció impreso en los envases de cartón de leche y que se esfumó del centro de Manhattan en 1979. A lo largo de las siguientes dos décadas dejar que los niños jugaran en exteriores y en sitios públicos sin la presencia de algún adulto comenzó a parecer demasiado riesgoso de modo que, para finales de los noventa y los primeros años de la década de los 2000, a los niños se les permitía 50% menos tiempo de juego no estructurado y no supervisado, así como de recreos, que durante el decenio de 1970.[6] Para ese momento tanto madres como padres habían internalizado la creencia de que sus niños debían ser monitoreados y dirigidos de

---

[6] Howard Peter Chudacoff, *Children at Play: An American History* (Nueva York: New York University Press, 2008).

manera constante. Se convirtieron en «padres helicóptero» que se mantenían flotando sobre cada aspecto de la vida de sus hijos, desde su educación y los deportes, hasta sus amigos y la forma en que se divertían.

Ahora, en el siglo XXI, podemos observar el absoluto colmo de los padres helicóptero, los padres quitanieves, que sea cual sea la forma en que puedan hacerlo, eliminan cualquier obstáculo potencial del camino de sus hijos.[7] Como dicen por allí, están preparando el camino para sus hijos, en lugar de preparar a sus hijos para el camino, incluso si eso significa romper la ley.

Examinemos un ejemplo particularmente atroz, el escándalo de las admisiones universitarias de 2019.[8] Docenas de padres ricos y famosos cometieron fraude para inscribir a sus hijos en las mejores universidades. Se dio a conocer que les habían pagado a los entrenadores atléticos de diferentes universidades cientos de miles de dólares para reclutar a sus hijos en programas para deportes que jamás habían practicado, incluso organizando sesiones fotográficas falsas con uniformes, equipo y trofeos de waterpolo, navegación y remo. Sobornaron a evaluadores para que falsificaran calificaciones en exámenes estandarizados nacionales de rendimiento escolar. Les pagaron a psicólogos para que diagnosticaran a

---

[7] Claire Cain Miller y Jonah E. Bromwich, «How Parents Are Robbing Their Children of Adulthood», *New York Times*, 16 de marzo de 2019, https://www.nytimes.com/2019/03/16/style/snowplow-parenting-scandal.html.

[8] The Editorial Board, «Turns Out There's a Proper Way to Buy Your Kid a College Slot», *New York Times*, 12 de marzo de 2019, https://www.nytimes.com/2019/03/12/opinion/editorials/college-bribery-scandal-admissions.html.

sus hijos con discapacidades de aprendizaje para así conseguirles tiempo extra para responder a la prueba de admisión para universidades estadounidenses.

Pero este ejemplo no nos muestra que la crianza de quitanieves no siempre tiene que ver con la eliminación de obstáculos concretos y externos para alcanzar el éxito. También tiene que ver con eliminar obstáculos internos; emociones como la ansiedad, que pensamos que hacen que nuestros niños sean más vulnerables y menos propensos a triunfar. Piensa en ello como una especie de quitanieves emocional.

Cuando traté de enseñarle a Kavi a andar en bicicleta me estaba portando como una quitanieves emocional. Mi reacción a los temores y ansiedades del niño fue que esos eran los obstáculos que le estaban impidiendo hacer lo que debería poder hacer que, en mi imaginación, sería que se subiera sin preocupación a la bicicleta, que se tambaleara durante algunos momentos y que, después, anduviera sobre la bici como el mismísimo viento. Su ansiedad destruyó mi sueño, de modo que lo único que yo quería era que su ansiedad desapareciera. También me perturbó que estuviera batallando con algo que pensé que sería de lo más sencillo para él. ¿Acaso se estaba convirtiendo en un niño «ansioso»? ¿Esta era una señal de que empezaría a tenerle miedo a retos futuros? No pude ver que era razonable que se sintiera ansioso; de caerse, de rasparse las rodillas en la grava, de ir demasiado rápido sobre la calle empinada en la que me empeñé en que aprendiera. Además, no fui capaz de ver que mis esfuerzos por eliminar su ansiedad a modo de quitanieves estaban creándole algo más por lo que sentirse ansioso; que terminaría por decepcionarme.

Incluso nuestros esfuerzos mejor intencionados por ayudar a nuestros hijos cuando batallan con la ansiedad pueden terminar siendo un ejemplo de quitanieves emocional.

En abril de 2019 di una conferencia acerca de la ansiedad infantil frente a una habitación llena de padres cuyos hijos asistían a una escuela de educación media superior para niños dotados y talentosos en Manhattan. Los chicos deben tener puntuaciones de CI estratosféricas para siquiera entrar en esa escuela y, después, obtener calificaciones sobresalientes y participar en una variedad enorme de actividades extracurriculares. De modo que cuando una docena de padres se me acercó después de la conferencia, supuse que escucharía historias de lo más comunes acerca de niños dotados que se sienten estresados y preocupados a causa de las elevadas expectativas académicas. Sin embargo, estos padres me describieron a chicos que estaban mucho más allá de eso. Estaban desmoronándose a los 15 años de edad, tan abrumados por el trabajo escolar que apenas podían comer o dormir, que se criticaban de manera constante («Soy un idiota, no pertenezco en esta escuela») y que padecían una ansiedad tan incapacitante que se congelaban durante los exámenes, aun cuando dominaban los contenidos.

Si bien estos padres acudieron a una conferencia acerca de la ansiedad infantil y sin duda sentían afecto y preocupación por sus hijos, casi ninguno de ellos me hizo preguntas relacionadas con su ansiedad, con la posibilidad de terapia o incluso con el desarrollo emocional de sus hijos. En lugar de ello me pidieron mi opinión acerca de qué tantas clases particulares eran demasiadas, de las cantidades mínimas de sueño que necesitaban los adolescentes y de si los deportes competitivos podían ayudar a los chicos a desarrollar más entereza y aguante. Uno de los padres lo expresó así: «No me gusta presionar a mi hijo para que acuda a clases particulares de matemáticas dos veces por semana, al ajedrez y al curso de programación, pero si eso lo ayuda a que esté a la altura de sus compañeros de clase, tal vez se sienta menos estresado».

La ansiedad de sus hijos estaba por completo fuera de control, pero estos padres no querían que la ansiedad fuera *el* problema. Entendí por qué creían que eso significaría que sus hijos eran frágiles y que estaban en peligro de romperse más allá de cualquier esfuerzo de reparación. Era mi misma mentalidad cuando presioné a mi hijo a aprender a andar en bicicleta. Para mí, y para estos padres, la ansiedad era una discapacidad, en lugar de verla por lo que es en realidad; algo que explorar, discutir y aprender a manejar. Algo a lo que prestarle atención. Y, más importante aún, algo que podía ayudar a sus hijos a seguir adelante.

EL MARAVILLOSO CEREBRO ADOLESCENTE

Joseph, un universitario en su segundo año de estudios, ha estado de lo más ocupado. Durante su primer año inició una organización sin fines de lucro que limpia los restos de plástico que contaminan los océanos y este año prestó sus habilidades de programación para mejorar el servicio de ayuda de crisis por mensajes de texto de su campus. Si le preguntas qué planea hacer a continuación, te dará toda una larga lista de posibilidades, desde organizar una fiesta sorpresa para su novio hasta fundar una nueva empresa en tecnología. Sin embargo, a pesar de su inteligencia y sus ambiciones, parece compartir el punto de vista que tiene la mayoría de la gente acerca del cerebro adolescente: «Tomé un curso de neurociencias, de modo que sé que mis lóbulos frontales aún se están desarrollando, por lo que no siempre confío en mis decisiones cuando me siento alterado o bajo presión».

Sin saberlo, Joseph está repitiendo la narrativa que ha infiltrado nuestra perspectiva acerca de la adolescencia; que los adolescentes son demasiado emotivos y que toman riesgos de manera impulsiva porque sus lóbulos frontales son demasiado inmaduros como para controlar sus impulsos y pasiones. Combina esto con las ideas anteriores de las «hormonas incontrolables» y tendrás que concluir que la juventud es un momento de fragilidad y de inevitable crisis existencial donde los sentimientos siempre triunfan sobre la lógica.

Pero lejos de ser inmaduro e incontrolable, el cerebro adolescente se desarrolla de una forma que le confiere muchas más ventajas de las que reconocemos.

Hace apenas algunos años los científicos suponían que los cambios principales en la estructura y función del cerebro se limitaban al periodo prenatal y a los primeros años de vida. Ahora sabemos que estábamos equivocados y que el desarrollo y reorganización masivos y fundamentales siguen sucediendo a lo largo de la adolescencia y hasta la adultez temprana, es decir, entre los 12 y los 25 años de edad.[9] Eso significa que no es sino hasta mediados de nuestros 20 que el cerebro madura por completo. ¿Pero qué significa tener un cerebro maduro?

El cerebro se desarrolla a causa de los cambios en sus materias gris y blanca. La materia gris está compuesta de neuronas y las conexiones sinápticas entre estas y la materia blanca está conformada de los axones que permiten que las neuronas en las capas externas del cerebro, como las de la corteza prefrontal, se comuniquen con rapidez con aquellas que se encuentran en las regiones más profundas, como las del sistema límbico. A medida que el cerebro madura, la materia gris debería reducirse al tiempo que aumenta la materia blanca. Eso se debe a que los circuitos neuronales se crean y refinan a través de la poda, en la que las conexiones inutilizadas entre las neuronas, la materia gris, se destruyen con el fin de aumentar la fuerza de los eficientes y provechosos circuitos neuronales que hacen las cosas que queremos que hagan.

Es cuestión de utilizarla o perderla. Como sucedió cuando aprendí ese poquito de italiano en la preparatoria pero sin

---

[9] Kerstin Konrad, Christine Firk y Peter J. Uhlhaas, 2013. «Brain Development During Adolescence: Neuroscientific Insights into This Developmental Period», *Deutsches Ärzteblatt International*, 110, núm. 25 (2013): pp. 425-431, doi:10.3238/arztebl.2013.0425.

volver a estudiar el idioma de nuevo, las conexiones para hablar italiano se podaron gradualmente hasta que ahora lo único que puedo decir es *grazie mille* y *prego*. Pasa lo mismo que cuando podamos las ramas secas de un árbol para que pueda crecer mejor o cuando eliminas las apps viejas de del teléfono inteligente para que funcione mejor. Estas no solo son metáforas. Un estudio de 2006 que se publicó en *Nature* reveló que los niños con CI más elevados exhibían un crecimiento inicial en materia gris, seguido de una vigorosa poda de esta para inicios de su adolescencia.[10]

Dentro del cerebro humano, las primeras áreas en madurar son los sistemas sensoriales y motores que sustentan a los cinco sentidos y a la coordinación de los movimientos corporales. A continuación en la fila de desarrollo se encuentran los sistemas límbico y el de recompensas: los «centros emocionales» del cerebro. Las últimas áreas en madurar son las partes de la corteza prefrontal, los «centros de control» del cerebro, que nos ayudan a planear, tomar decisiones razonadas, evaluar riesgos, demorar la gratificación y regular nuestras emociones. ¿Cómo es que debería interpretarse este desequilibrio en el desarrollo de los centros emocionales y de control en el cerebro adolescente? Por lo general suele ser alguna versión de «Pobrecitos adolescentes. No tienen de otra más que pensar con sus "cerebros emocionales" mientras que nosotros los adultos somos capaces de pensar con nuestros "cerebros racionales"».

---

[10] P. Shaw *et al.*, 2006. «Intellectual Ability and Cortical Development in Children and Adolescents», *Nature* 440, núm. 7084 (2006): pp. 676-679, doi:10.1038/nature04513.

Para nada. A pesar de este desarrollo inequitativo, el equilibrio de poder entre los lóbulos frontales y el sistema límbico se encuentra en flujo constante. Hay veces en que los «centros de control» están al mando; los adolescentes pueden hacer planes y tomar decisiones perfectamente racionales, seguir reglas y evitar peligros. En otras ocasiones son los «centros emocionales» que están en mayor control y los adolescentes priorizan las tres erres —riesgos, recompensas y relaciones— más de lo que lo hace el adulto promedio. Esto significa que reaccionan de manera más intensa y frecuente a la información emocional que hay en el mundo: amenazas y recompensas, amor y odio, incertidumbre y novedad. Sin embargo, este flujo es un arma de doble filo; es ventajoso cuando permite que los adolescentes sean flexibles, que se adapten con velocidad a los cambios, que aprendan con rapidez y que estén sintonizados con las señales sociales y emocionales que los rodean, pero también puede interferir con ellos.

La toma de riesgos es un ejemplo excelente. Debido al desequilibrio que existe entre los centros emocionales y de control dentro de sus cerebros, es cierto que los adolescentes toman mayores riesgos que los adultos, e incluso más que los niños, cuyas cortezas prefrontales están todavía menos desarrolladas, pero observamos estas conductas de riesgo solo en ciertas circunstancias. Una de ellas involucra a otras personas. En un estudio de 2005, adolescentes jóvenes (de 13 a 16 años de edad), adolescentes mayores y jóvenes adultos (18 a 22), y personas adultas (de más de 24) llevaron a cabo una simulación de manejo en la que se les pidió que condujeran lo más lejos posible hasta que un semáforo se pusiera en rojo y apareciera una pared.[11] Si esperaban demasiado tiempo, se estrellarían contra la pared y perderían puntos. Algunos hicieron la simulación a solas, mientras que otros la hicieron en grupos de tres personas de su misma edad. ¿Adivina quién se estrelló con más frecuencia? Los adolescentes jóvenes... pero solo cuando estaban en compañía de sus pares. Los adultos manejaban igual si estaban solos o con otros adultos.

A través de la lente de la teoría evolutiva, este «problema» de toma de riesgos entre adolescentes jóvenes junto con sus compañeros no es tan problemático. De hecho, mantenerse abiertos a los riesgos y a las conexiones sociales fue un activo invaluable para los humanos prehistóricos, quienes, para todo propósito práctico, ya eran adultos para el momento en que llegaban a la adolescencia temprana. Es decir, una vez que los seres humanos tenían la edad para procrearse, lo hacían; dejaban la seguridad de su familia para formar familias propias, asumían responsabilidades importantes que beneficiaban a la tribu y salían al mundo con el fin de explorar y aprender. La mayoría de los humanos antiguos moría para cuando alcanzaba los 40, de modo que sin la riesgosa conducta adolescente, la tribu habría tenido un grave déficit poblacional de talentos; una fuga de cerebros, por decirlo de otra manera, cuando se trataba

---

[11] Margo Gardner y Laurence Steinberg, «Peer Influence on Risk Taking, Risk Preference, and Risky Decision Making in Adolescence and Adulthood: An Experimental Study», *Developmental Psychology* 41, núm. 4 (2005): pp. 625-635, doi:10.1037/0012-1649.41.4.625.

de hacer lo que era necesario para sobrevivir y prosperar. ¿Quién saldría a explorar nuevos territorios y a conocer a nuevas personas? ¿Quién lideraría las peligrosas misiones de cacería o de recolección? ¿Quién podría averiguar que el fuego creaba y destruía al mismo tiempo y les enseñaría a los demás a aprovecharlo? El cerebro adulto, con su disminuido gusto por los riesgos y las recompensas y su más lenta adaptación al cambio, no estaría ni con mucho igual de bien adaptado para perseguir esas metas en comparación con el ágil cerebro adolescente.

Resulta interesante considerar que este desarrollo escalonado difiere radicalmente de aquel de los primates no humanos. Por ejemplo, al igual que los humanos, los monos Rhesus y los chimpancés nacen con un cerebro inmaduro; sin embargo, a diferencia de los humanos, las áreas corticales del cerebro de estos primates maduran al mismo ritmo.[12] Los biólogos evolutivos te dirán que esta divergencia de nuestros primos primates debe habernos conferido alguna ventaja; además de sustentar algo dentro de nosotros que haya sido único de los humanos.

De modo que sí, el maravilloso cerebro adolescente no es perfecto. Incluso podría ser que resultara idóneo para la vida de los humanos prehistóricos, cuando los adolescentes eran adultos independientes; pero donde hay riesgos, también existen las oportunidades. Los cerebros adolescentes no son aberrantes o irracionales; son una fuente inapreciable:

---

[12] Pasko Rakic *et al.*, «Concurrent Overproduction of Synapses in Diverse Regions of the Primate Cerebral Cortex», *Science 232*, núm. 4747 (1986): pp. 232-235, doi:10.1126/science.3952506.

de valor para asumir retos, de innovación, de pensamiento original e imaginativo y de habilidades para establecer relaciones. Sin embargo, estas fortalezas suelen ocurrir en el contexto de los jóvenes mientras batallan por darle sentido a todo. Es durante la adolescencia cuando existen las mayores probabilidades de que se presenten las enfermedades mentales y cuando la incidencia de trastornos de ansiedad alcanza su máximo. Sin embargo, los mismos circuitos neuronales que subyacen al cerebro ansioso también potencian la capacidad de los adolescentes para aprender acerca del mundo social y para formar buenas relaciones.

Toma el caso de Marie, de 16 años de edad. Cuando acudió a mi laboratorio para participar en un estudio de ansiedad, se le dificultaba establecer contacto visual y respondía con monosílabos a mis alegres intentos por interactuar con ella. No obstante, a medida que se sintió más cómoda al hablar de sí misma, no solo me dijo más acerca de los ataques de pánico que había estado experimentando a lo largo de los últimos seis meses, sino que también compartió una historia acerca de cómo sus preocupaciones y sus «nervios» fueron parte de lo que la hicieron ser una buena amiga.

La mejor amiga de Marie, Sylvia, había estado ocupada toda la semana con horas de trabajo escolar y dos deportes extracurriculares; una rutina habitual que no le dejaba tiempo libre para pasársela con sus amigos. Cuando encontró un momento para estar con su amiga un fin de semana para tomarse una malteada, Marie vio que Sylvia no dejaba de moverse de manera inquieta y de alejar la mirada cuando ella le hablaba de una fiesta a la que habían asistido el sábado anterior. Además, Sylvia estaba poniendo la sonrisa falsa que utilizaba cuando quería que los adultos la dejaran en paz, ¡una enorme señal de alerta! Mientras Marie observaba y escuchaba a Sylvia, su propia ansiedad empezó a crecer. Simplemente *sabía* que algo estaba mal. De modo que, a riesgo de hacer enojar a Sylvia, la presionó para que le dijera lo que de verdad estaba sucediendo, y Marie tenía toda la razón; resultó que Sylvia no solo había roto con su nuevo novio, sino que lo había hecho porque él había tratado de obligarla a tener relaciones sexuales durante la fiesta. A duras penas había logrado quitárselo de encima. Sylvia no sabía qué hacer ni a quién contarle lo que le había sucedido. Marie estuvo allí para brindarle su apoyo y la ayudó a pensar en los siguientes pasos a tomar. Fue en gran parte gracias al ansioso cerebro adolescente de Marie que pudo ver las señales que indicaban que su amiga estaba batallando con algo, y darle el apoyo que tanto necesitaba.

MÁS GARRA, MENOS ENCAJES

Cuando pensamos acerca de la fragilidad de la juventud es más que posible que supongamos que las niñas son las más frágiles, en especial cuando se trata de ansiedad. Y es verdad que aunque niños y niñas tienen la misma probabilidad de mostrar niveles extremos de ansiedad durante su infancia, una vez que llegan a la pubertad, las niñas tienen el doble de probabilidades que los niños de recibir un diagnóstico de trastorno de ansiedad; una disparidad que continúa a lo largo de la vida de las mujeres. Existen infinidad de teorías y debates acerca de qué es responsable de lo anterior, desde la biología femenina hasta las redes sociales, pero hay un factor contribuyente que, en esencia, está más allá del debate: a muchas niñas se les enseña, desde que son pequeñas, que tienen que convertirse en la Damita Perfecta.

La Damita Perfecta es la encarnación de las cualidades de la mujer ideal; una persona que no solo es inteligente, bella y talentosa, sino que también sabe manejarse en la cocina. Es fuerte, pero es una «dama», por lo que jamás habla demasiado alto ni de manera inapropiada, y prefiere volar recto que volar alto. Cuando la Damita Perfecta crece y, por medio de sangre, sudor y lágrimas, logra romper el techo de cristal para ganarse ese muy cotizado asiento en la mesa donde se toman las decisiones, sigue teniendo que abrirse paso entre expectativas encontradas: debe exudar confianza y fortaleza, pero evitar que se le perciba como insufrible; debe trabajar las horas que sean necesarias, pero seguir siendo una persona dedicada a su familia.

Los alcances y la intensidad de estos mensajes demandantes y conflictivos ponen a las mujeres de manera directa en el punto de mira del perfeccionismo, constantemente al borde del abismo del fracaso porque, ¿quién puede satisfacer esas expectativas? Además, como vimos en el capítulo 8, el perfeccionismo, a diferencia del excelentismo, ni siquiera tiene nada que ver con esforzarse por lograr mucho, sino con evitar el fracaso. Los perfeccionistas están convencidos de que solo son tan valiosos y merecedores como las metas perfectas que alcanzan, y de que cualquier fracaso destruirá esa autovalía.

Por desgracia, el perfeccionismo no es inusual entre las niñas. Un estudio australiano de 2006 encontró que se clasificó a 96 de 409 chicas adolescentes (poco menos de una de cada cuatro) como víctimas de un perfeccionismo enfermizo.[13] Además, las chicas provenientes de antecedentes desventajosos no son inmunes a las presiones que alientan el perfeccionismo. Un estudio de 2011 con 661 adolescentes jóvenes de familias de nivel socioeconómico bajo encontró que más de 40% del grupo exhibía altos niveles de perfeccionismo autocrítico.[14] Y es algo que se da en las familias. Un estudio de la London School of Economics de 2020 mostró que los hijos de padres perfeccionistas, tanto niños como niñas, tenían mayores probabilidades de ser perfeccionistas también, en particular si aprendían que el amor y el afecto de sus padres, su estima, dependía de sus logros.[15]

¿Y qué representa todo esto para las jóvenes de hoy? Veamos el caso de Annabelle, de 15 años de edad, un ejemplo «perfecto».

---

[13] Colleen C. Hawkins, Helen M. Watt y Kenneth E. Sinclair, «Psychometric Properties of the Frost Multidimensional Perfectionism Scale with Australian Adolescent Girls», *Educational and Psychological Measurement* 66, núm. 6 (2006): pp. 1001-1022, doi:10.1177/0013164405285909.

[14] Keith C. Herman *et al.*, «Developmental Origins of Perfectionism among African American Youth», *Journal of Counseling Psychology* 58, núm. 3 (2011): pp. 321-334, doi:10.1037/a0023108.

[15] Curran *et al.*, «A Test of Social Learning and Parent Socialization Perspectives on the Development of Perfectionism».

Annabelle asiste a una escuela preparatoria académicamente rigurosa y se sitúa constantemente entre los primeros de su clase. También es una de las estrellas del equipo universitario de voleibol, aunque apenas está en primer año de preparatoria; es primer clarinete en la orquesta juvenil del condado y recientemente empezó a salir con uno de los muchachos más populares de la escuela.

Casi dos meses antes de que acudiera a verme, las cosas empezaron a desmoronarse. Estaba perdiendo el enfoque en sus dos clases más difíciles y le estaban dando terribles dolores de cabeza, al menos dos veces por semana. Aunque estudiaba varias horas cada noche, olvidaba la mitad de lo que leía y sus calificaciones estaban empezando a bajar. En casa, buscaba pleito con sus hermanos menores casi a diario y pasaba cada vez más tiempo a solas en su cuarto. Y no era la única que estaba teniendo problemas. Algunas de las chicas en su grupo habían hecho un pacto para autolesionarse juntas, por medio de cortaduras y quemaduras, después de que leyeron al respecto en las redes sociales. Le pidieron que se uniera a su grupo, diciéndole que cortarse la haría sentir mejor cuando estuviera estresada y ansiosa al máximo, en especial en relación con tareas y exámenes. Declinó su oferta, pero aún no la descartaba del todo.

Es un terreno de verdad resbaladizo. Las muchachas se esfuerzan mucho para convertirse en la Damita Perfecta. Es frecuente que lo logren, y se les elogia de manera constante por sus increíbles logros; desde las mejores calificaciones hasta el mejor aspecto, desde un proceder dulce hasta convertirse en unas matonas en el terreno de juego. Sin embargo, estos logros no tardan en pasar de ser extraordinarios a apenas comunes y corrientes. El estándar del éxito se va elevando sin cesar.

Y los estándares para estudiantes de antecedentes diversos pueden ser todavía más difíciles de alcanzar.[16] Por ejemplo, investigaciones acerca de chicas negras dotadas en Estados Unidos mostraron que en 2012 apenas se identificó a 9.7% de ellas como dotadas y talentosas, en comparación con 59.9% de las muchachas blancas.[17] Añade a esta infrarrepresentación lo que se denomina *amenaza del estereotipo* —el riesgo perenne de que se te juzgue según estereotipos sociales negativos relacionados con tu grupo de procedencia, como aquellos relacionados con la capacidad intelectual—, y la presión puede volverse insoportable.

Pero si a las chicas se les prepara para ser perfeccionistas, eso significa que también están preparadas para convertirse en excelentistas; después de todo, en promedio, las chicas tienen un mejor desempeño que los muchachos en la mayoría de las materias académicas. Más chicas de preparatoria se gradúan en 10% superior de su generación que los hombres, obtienen promedios académicos generales superiores en promedio a los de los varones, y están en mayores probabilidades de tomar cursos de colocación

---

[16] Brittany N. Anderson y Jillian A. Martin, «What K-12 Teachers Need to Know About Teaching Gifted Black Girls Battling Perfectionism and Stereotype Threat», *Gifted Child Today* 41, núm. 3 (2018): pp. 117--124, doi:10.1177/1076217518768339.

[17] Civil Rights Data Collection. https://ocrdata.ed.gov/Data AnalysisTools/DataSetBuilder?Report=7.

adelantada o de excelencia académica que sus compañeros hombres.[18] Y esto no solo sucede en Estados Unidos. Un análisis de datos internacionales en 2018 mostró que las chicas tuvieron un mejor desempeño en logros educativos que los chicos en 70% de los países estudiados;[19] independientemente del nivel de género y de equidad política, económica y social de dichos países.

¿Cómo podemos contrarrestar las presiones para tratar de ser la Damita Perfecta? ¿Deberíamos enseñarles a las niñas a tomar más riesgos? Después de todo, lo hacemos por nuestros hijos. Décadas de investigaciones han mostrado que los adultos no solo perciben a los jóvenes varones como menos vulnerables a lastimarse que las niñas, sino que se les trata de esa manera.[20] Observa a los padres de familia en el patio de juegos con sus crías mientras se columpian, deslizan y trepan en los juegos para escalar. Es más probable que los padres les digan a sus hijos: «¡Tú puedes!», al tiempo que les advierten a sus hijas: «¡Agárrate fuerte para que no te caigas!». Y las lecciones aprendidas no se limitan al patio de juegos, o a la infancia. Quizás hayas oído acerca de la estadística que indica que los hombres solici-

[18] «2016 College-Bound Seniors Total Group Profile Report», College Board, https://secure-media.collegeboard.org/digitalServices/pdf/sat/total-group-2016.pdf.

[19] Gijsbert Stoet y David C. Geary, «The GenderEquality Paradox in Science, Technology, Engineering, and Mathematics Education», *Psychological Science* 29, núm. 4 (2018): pp. 581-593, doi:10.1177/0956797617741719.

[20] Campbell Leaper y Rebecca S. Bigler, «Gendered Language and Sexist Thought», *Monographs of the Society for Research in Child Development* 69, núm. 1 (2004): pp. 128-142, doi:10.1111/j.1540-5834.2004.06901012.x.

tan empleos para los que apenas están calificados en 60%, mientras que las mujeres no solicitan un empleo sino hasta que saben que cumplen casi todos los requisitos. Aunque se ha citado ampliamente, este estudio proveniente de un solo informe interno de Hewlett-Packard no exploró las razones de las mujeres para hacerlo. Otros estudios, incluyendo un informe que se publicó en el *Harvard Business Review* durante 2014, han tratado de ir más a fondo.[21] Los investigadores preguntaron a mujeres y hombres si eligieron no solicitar un empleo para el que no estaban calificados y las razones de ello. Casi el doble de las mujeres estuvo en mayores probabilidades de responder que no querían arriesgarse a fracasar.

Solicitar puestos para los que uno no está calificado no parecería ser la respuesta, pero tampoco lo es esperar hasta que estamos 120% preparadas. La mejor solución para nosotros, como padres, es tomar una página del excelentismo y ayudar a nuestras hijas, y a nuestros hijos, a esforzarse por alcanzar la excelencia en lugar de la perfección, a estar dispuestas para trabajar muy duro, a solicitar un empleo para el que *casi* se sientan preparadas, a hacer un trabajo estelar durante la entrevista de trabajo y, ya que están en esas, a saltar desde el tope del juego para escalar. Muy en particular, en el caso de nuestras hijas, debemos ayudarlas a desviarse del camino hacia ser la Damita Perfecta para que tengan más garra y menos encajes.

---

[21] Tara Sophia Mohr, «Why Women Don't Apply for Jobs Unless They're 100% Qualified», *Harvard Business Review*, 25 de agosto de 2014, https://hbr.org/2014/08/why-women-dont-apply-for-jobs-unless-theyre-100-qualified.

Mi hija, Nandini, era una preescolar cuando la llevé a mi laboratorio para una sesión de entrenamiento en un estudio de investigación. Fue mi conejillo de indias. Mis asistentes de investigación estaban aprendiendo a aplicar un experimento llamado «Círculos perfectos».[22] Hace décadas que existe. La meta es frustrar a los niños y, después, observar cómo reaccionan. Parece de lo más sencillo; se les pide que dibujen un círculo, un círculo *perfecto*, pero es mucho menos fácil de lo que podrías pensar.

«Nandini, ¿podrías hacer algo por mí?», le pregunté. «Necesito que dibujes un círculo verde perfecto. Aquí hay un crayón y una hoja de papel. Inténtalo». Como la mayoría de los pequeños de cuatro años de edad, dibujó un círculo sin pensarlo. Era bastante bueno. Sin embargo, la tarea requería que le dijéramos: «Mmm… no está del todo bien. Está un poco picudo. Dibuja otro». De nuevo, dibujó un círculo y levantó la mirada, expectante, segura de que lo había hecho bien en esta ocasión. «Mmm… no está del todo bien. Está un poco apachurrado aquí en medio. Dibuja otro». Esta vez levantó una ceja al verme, pero estaba confiada y decidida a hacerlo de la forma correcta, de modo que dibujó otro. «Mmm… no está del todo bien. Es demasiado pequeño. Dibuja otro».

El experimento está diseñado para durar exactamente tres minutos y medio. El tiempo se arrastra de manera lenta y

---

[22] Elizabeth M. Planalp *et al.*, «The Infant Version of the Laboratory Temperament Assessment Battery (Lab-TAB): Measurement Properties and Implications for Concepts of Temperament», *Frontiers in Psychology* 8 (2017), doi:10.3389/fpsyg.2017.00846.

dolorosa cuando tienes que decirle a una dulce chiquita que está haciendo un trabajo terrible con algo que pensaba que tenía dominado. A lo largo de estos interminables minutos, muchos niños siguen dibujando obedientes, pero sus frustraciones empiezan a asomarse («¡Enséñame a hacerlo mejor!»). Otros niños empiezan a llorar y a angustiarse; por lo general, el experimento se detiene antes de que eso suceda. Hay niños que, incluso, fingen que están felices de seguir dibujando círculos; esos son los que hacen lo que pueden para agradar a los demás.

¿Mi hija? Nandini siguió dibujando los malditos círculos, pero al fin volteó a verme y me dijo: «Mami, sé que te estoy ayudando con tus investigaciones, pero creo que este círculo está bastante perfecto. ¿Podemos hacer algo más?». ¡Bravo por mi pequeña excelentista en ciernes!

PARA BAILAR TANGO SE NECESITAN DOS

Jamás te conté lo que pasó después de la lección de bici de Kavi.

Tan pronto como llegamos a la casa, subió a su cuarto, más que evidentemente angustiado por la experiencia. Después de unos minutos le pedí que bajara y que me acompañara a la mesa de la cocina.

Respiré hondo y pulsé el botón de «Reproducir» de la grabación de video. Mientras la escuchábamos juntos, vio que mi rostro palideció y que mis ojos se humedecieron.

—¿Qué pasa, mami? —me preguntó.

—Lo siento, amiguito —respondí—. Quería que escucharas esto para que pudieras ver lo equivocada que estuve. Tenías toda la razón en sentirte asustado y preocupado; es la primera vez que te subes a una bicicleta y pudiste haberte caído. De hecho, es de lo más inteligente que te sientas ansioso en situaciones como esa. Cometí un terrible error cuando te dije que estabas mal por sentir miedo. Lo siento; no hiciste nada mal y te amo justo como eres.

Esa última oración, con su mezcolanza de las sabias palabras del señor Rogers y de Billy Joel, funcionó de maravilla. Sus pequeños hombros tensos se relajaron, me miró a los ojos y sonrió por primera vez desde que saqué la Gremlin de la cochera.

La buena noticia es que, como los de todos nosotros —los padres menos que perfectos—, los sistemas inmunitarios de nuestros hijos pueden enfrentarse a la mayoría de los desafíos que la vida, y que nosotros, sus padres, arrojamos en su camino. No solo eso, sino que pueden florecer gracias a esto. Otra buena noticia es que la ansiedad es como una calle de doble sentido entre padres e hijos, y que una vez que descubrimos que las ansiedades de nuestros hijos no los van a dañar, podemos descubrir lo mismo acerca de las nuestras.

Al poco tiempo de esto, Kavi aprendió a andar en bicicleta. Todavía se mostraba inestable de vez en cuando, pero no me molestó para nada, ni a él tampoco. Él y yo nos enfrentamos a nuestras ansiedades juntos y emergimos más fuertes al final.

10

EXPERIMENTAR LA ANSIEDAD DE LA MANERA CORRECTA

> Aprender a experimentar la ansiedad de la manera correcta es alcanzar el saber supremo.
>
> Søren Kierkegaard, *El concepto de la angustia*[1]

Con esta cita del santo patrono de la ansiedad, regresamos al punto de inicio. Aprender a experimentar la ansiedad de la manera correcta, incluso cuando se siente mal, es el destino y propósito final del presente libro.

Si leíste hasta este punto, quizás tengas alguna idea de lo que este llamado significa para ti; porque tú, en algún momento de tu vida, te has topado con un hecho incontrovertible: la ansiedad es durísima. Tanto así que hay veces en que no solo te hace sentir mal, sino que impide que vivas la vida que deseas.

Hasta este punto he ofrecido pocos remedios relacionados con lo que deberías hacer para experimentar la ansiedad de la forma correcta. No hay listas de ejercicios, ni tareas que se puedan llevar a cabo, ni tampoco estrategias

---

[1] Søren Kierkegaard, *The Concept of Anxiety: A Simple Psychologically Oriented Deliberation in View of the Dogmatic Problem of Hereditary Sin*, traducción de Alastair Hannay (Nueva York: W. W. Norton, 2014, [1884]).

terapéuticas que te puedas aprender de memoria. De todos modos te hice una promesa: que si desafiabas tus propias creencias acerca de la ansiedad, de lo que es y lo que no es, para lo que sirve y cómo impacta tu vida, esa nueva mentalidad cambiaría toda tu experiencia de la ansiedad y, como resultado de lo anterior, crearías una mejor vida y un mejor futuro.

No me malentiendas; convertirte en un transformador de paradigmas no es cosa sencilla, pero sí creo que cambiar tu mentalidad desencadenará un cambio poderoso que te ayudará a ver el mundo desde una nueva perspectiva, a tomar decisiones diferentes y a intentar cosas nuevas. Eso llevará trabajo. Si has leído hasta este punto, ya has considerado hacer ese trabajo.

En este capítulo final te ofreceré tres principios fundamentales para ayudarte a iniciar el trabajo de entablar amistad con tu ansiedad. Dado que encapsulan todo lo que he escrito hasta el momento, son pasos accionables que te ayudarán a mantenerte firme cuando tu ansiedad se vuelva confusa, cuando se convierta en una carga y cuando se entrometa en tu camino.

Por favor observa que estos son principios, no consejos ni estrategias. Eso no es porque las estrategias sean malas; allá afuera hay una infinidad de excelentes consejos y herramientas para manejar la ansiedad. El problema con las estrategias es que están pensadas para *superar* tu ansiedad.

En lugar de eso, estos tres principios establecen de manera inequívoca que la meta no es superar tu ansiedad, sino comprender lo que tu ansiedad te está diciendo para después tratar de utilizar esa información para cambiar tu vida para bien.

Los tres principios son:

1) La ansiedad es información acerca del futuro; escúchala.

2) Si la ansiedad no te sirve, déjala ir por el momento.

3) Si la ansiedad es útil, haz algo propositivo con ella.

LA ANSIEDAD ES INFORMACIÓN ACERCA DEL FUTURO; ESCÚCHALA

La ansiedad no es más que un denso y poderoso paquete de información. Combina sensaciones corporales —el corazón se acelera, la garganta se cierra, el rostro hace muecas— con una corriente o, en ocasiones, un torrente de pensamientos y creencias —preocupaciones, ensayos mentales, soluciones para arreglarlo todo— que dirigen tu atención hacia algo importante. Te dice que hay cosas malas que *podrían* suceder, pero que todavía no suceden, y que todavía tienes el tiempo y la capacidad para solucionarlas y obtener lo que quieres. Esa es la razón por la que la ansiedad manifiesta la esperanza.

Sin embargo, para lograrlo, la ansiedad *debe* ser incómoda. Necesita que te levantes de tu sitio y que le prestes atención. Es una señal energética que potencia tu enfoque y que te lleva a la menor distancia posible de la brecha entre donde te encuentras ahora y donde deseas encontrarte.

Ninguna otra emoción te centra de manera tan eficaz en el futuro, te permite enfocarte en las amenazas y en las recompensas y te mantiene trabajando para alcanzar tus metas. Esa es la razón por la que la ansiedad es una emoción útil: dirige la totalidad de tu ser hacia un propósito.

No obstante, esta es la ironía: aunque lo desagradable de la ansiedad te hace prestar atención a aquello que te importa, tu desagrado fundamental por ella hace que sea difícil de atender. Los sentimientos terribles nos hacen querer alejarnos, a menos que creemos la costumbre de sentarnos con ellos antes de tomar las medidas para deshacernos de ellos.

Y esa es la razón por la que, cuando de escuchar a tu ansiedad se trata, la curiosidad es tu mejor amiga.

Con esto no quiero decir que deberías *querer* la ansiedad. Al libro no le puse *Ama a tu ansiedad*, aunque me cruzó por la mente hacerlo, porque no toda la ansiedad sirve de algo. No obstante, la postura que tomes ante el dolor de la ansiedad hará toda la diferencia del mundo en términos de lo incómoda que sea, de lo bien que puedas tolerarla y de lo que puedas hacer con ella.

De modo que no, no ames a tu ansiedad. Ni siquiera sientas afecto por ella; simplemente siéntete curioso acerca de ella.

A primera vista esto podría no hacer mucho sentido. ¿Cómo podrías sentirte curioso acerca de algo que te está lastimando? Lo que sucede es que la ansiedad no es peligrosa. Al acercarte a ella con curiosidad, estarás subrayando ese hecho fundamental. Te percatarás de que es seguro investigar la ansiedad, y eso lo cambia todo.

Acuérdate de la Prueba de estrés social de Trier (TSST) del capítulo 1,[2] en la que personas con ansiedad social se veían juzgadas por desconocidos poco amistosos durante tareas difíciles, como hablar en público y resolver problemas complicados de matemáticas. De manera anticipada se les decía a los participantes que las reacciones naturales de su ansiedad de desempeño —el corazón acelerado, la respiración agitada y la sensación de hundimiento en el estómago— eran, de hecho, señales de que su cuerpo estaba energizado y listo para enfrentarse a las difíciles tareas que estaban a punto de llevar a cabo. Aceptar esto puede ser difícil para algunas personas debido a algo que se denomina sensibilidad a la ansiedad: la creencia de que la ansiedad misma es dañina tanto en términos psicológicos como médicos. Sin embargo, ese punto de vista se corrigió en ese estudio; a los sujetos se les dijo que la ansiedad era sana y que los ayudaría a desempeñarse de la mejor manera posible, de modo que se les alentó a sentirse más curiosos y más agradecidos por las emociones incómodas que estaban a punto de experimentar.

Y funcionó.

En comparación con los participantes del estudio a los que no se les dijo que la ansiedad era benéfica, mostraron respuestas físicas más sanas: sus vasos sanguíneos estuvieron más relajados y su frecuencia cardiaca fue inferior.

---

[2] Jeremy P. Jamieson, Matthew K. Nock y Wendy Berry Mendes, «Changing the Conceptualization of Stress in Social Anxiety Disorder», *Clinical Psychological Science* 1, núm. 4 (2013): pp. 363-374, doi:10.1177/2167702613482119.

Dado que la alta presión sanguínea y la frecuencia cardiaca acelerada pueden ocasionar daños en el cuerpo al paso del tiempo, esto muestra que cuando los sujetos dejaron de suponer que su ansiedad era dañina, les hizo menos daño en un sentido literal. En lugar de ello, su cuerpo reaccionó como lo hacen los cuerpos sanos cuando se esfuerzan por alcanzar el éxito en una tarea difícil.

Hay un segundo aspecto clave de escuchar a la ansiedad: poder percibir cuando aumenta, cuando disminuye o, incluso, cuando tan solo desaparece. En otras palabras, tus niveles de ansiedad cambian. Tiende a alcanzar su máximo al principio de un momento desafiante o cuando te topas con un obstáculo en tu camino, y cae de manera vertiginosa cuando superas el obstáculo y alcanzas tu meta. La desaparición de la ansiedad es un trozo de información tan importante como su inicio. Significa que puedes quitar el pie del acelerador. En este sentido, la ansiedad se parece mucho al dolor físico; es increíblemente útil cuando te impele a tomar medidas para proteger tu cuerpo, como cuando alejas tu mano de un sartén caliente, pero es igual de útil cuando desaparece, dejándote saber que el peligro ya pasó. Sentirte curioso acerca de tu ansiedad significa escuchar lo que te está diciendo a lo largo de todo el camino: cuando empieza, cuando cambia y cuando se queda en silencio.

Si quieres ser más abierto y curioso en cuanto a tu ansiedad, tienes que replantearte lo que la palabra significa para ti.

Para comprender cómo hacerlo, desviémonos un momento para examinar a detalle el lenguaje moderno de la ansiedad. La palabra se ha generalizado de manera impor tante. Análisis de textos en línea muestran que las personas de la actualidad tienen 10 veces más probabilidades de escribir o pronunciar la palabra *ansiedad* que hace 40 años. Cuando yo estaba creciendo, en la década de los ochenta, *estrés* era la palabra en boca de todos. En aquel entonces, si alguien me preguntaba: «¿Cómo estás?» , si mi respuesta no era: «Bien, gracias», había altas probabilidades de que respondiera: «Más o menos, pero estoy bastante estresada». «Estresada» era la forma breve de describir cada sensación algo desagradable: cansada, abrumada, enojada, preocupada, espantada y triste, incluso dentro del contexto de algo gozoso. ¿Cómo van los planes para tu boda? Excelentes, pero estoy muy estresada. ¿Y cómo te estás recuperando de esa cirugía? Pues es bastante estresante, pero ya lo superaré.

Ansiedad reemplazó a *estrés* como nuestro resumen lingüístico para cada emoción incómoda y cada sensación de incertidumbre; estamos ansiosos acerca de la presentación que debemos hacer, porque vamos a salir en una cita a ciegas, porque estamos empezando un trabajo nuevo. La palabra lo absorbe todo, como amiba gigante, desde la zozobra hasta la anticipación placentera. Sin embargo, el mero uso de la palabra les da a nuestras experiencias un cariz negativo y les infunde peligro y un toque de algo no del todo adecuado. En parte, esto se debe a que el inglés, en particular, carece de palabras más matizadas para la ansiedad.

Esto no sucede en todos los idiomas, muchos de los cuales cuentan con palabras para describir la ansiedad sana contra aquello que es debilitante. En el idioma khmer de

Camboya, no es inusual diferenciar entre miedo, o *khlach*, y preocupación, o *kut caraeun*. En contraste, *khyal goeu*, o «sobrecarga de viento», se refiere a una experiencia que se parece a los ataques de pánico; una peligrosa pérdida de conocimiento que se acompaña de palpitaciones, visión borrosa y falta de aliento. En algunas culturas donde se habla español, el *ataque de nervios* incluye gritos o alaridos incontrolables, llanto, temblor, sensaciones de calor que surgen en el pecho y la cabeza, experiencias disociativas o extracorpóreas y agresiones verbales o físicas. Sin embargo, las palabras que expresan ansiedad angustiante y anticipación acerca del futuro son diferentes: *preocupación* y *ansiedad* cuando se habla de angustia y *afán* cuando nos referimos a una anticipación emocionante.

Con esto no pretendo decir que las personas que hablan khmer o español experimentan menos ansiedad debilitante, aunque quizás así sea. Más bien es que la palabra *ansiedad* en el idioma inglés, que es el lenguaje que predomina en las ciencias médicas, significa todo, desde una simple anticipación hasta un trastorno clínico. Esta imprecisión hace que la ansiedad sea más abrumadora y más difícil de especificar.

Los profesionales de la salud mental del Instituto de Salud Global de Duke, que trabajaron en Nepal por años, aprendieron de primera mano lo importante que es utilizar el lenguaje correcto para la ansiedad; con consecuencias negativas indeliberadas cuando no se hace. Era frecuente que los orientadores tradujeran el trastorno por estrés postraumático (TEPT) como *maanasik aaghaat*, o «choque cerebral». Sin embargo, en Nepal, al igual que en India y

Paquistán, se hace una importante distinción entre el cerebro, o *dimaag*, y la «mente-corazón», o *mann*.[3] El *dimaag* es exclusivamente físico, igual que muchos otros órganos, tales como los pulmones y el corazón. Si el *dimaag* se daña, se piensa que el deterioro es permanente y que las posibilidades de recuperación son mínimas. En contraste, si el *mann* está angustiado, según se cree, esta conexión corazón-mente es susceptible de ayuda y curación. Al asignarles el diagnóstico de «choque cerebral» a sus pacientes que sufrían de TEPT en el área rural de Nepal, los orientadores les estaban haciendo creer, sin intención alguna, que no tenían posibilidad de cura y, en su angustia extrema, muchos se rehusaban al tratamiento. Parte de la tragedia fue que reimaginar el idioma relacionado con la ansiedad hubiera prevenido el doloroso malentendido.

Una vez que sientas curiosidad por tu ansiedad y que adviertas el idioma que estás utilizando para describirla, escucharla no requerirá de ninguna técnica compleja. Puedes confiar en que tendrás la capacidad para comprender lo que tu ansiedad te está diciendo y que, al igual que todas las demás emociones, terminará por pasar. Sin embargo, no pierdas la oportunidad de acercarte a tus sentimientos y pensamientos; a esa energía vibrante que se asemeja a un combustible que corre por tus venas: el deseo apasionado, el temor agobiante, la duda que a menudo se sigue de una

---

[3] Brandon A. Kohrt y Daniel J. Hruschka, «Nepali Concepts of Psychological Trauma: The Role of Idioms of Distress, Ethnopsychology and Ethnophysiology in Alleviating Suffering and Preventing Stigma», *Culture, Medicine, and Psychiatry* 34, núm. 2 (2010): pp. 322-352, doi:10.1007/s11013-010-9170-2.

creciente confianza de que quizás sí tienes lo que se necesita para alcanzar el éxito. Sentimientos que, por su naturaleza misma, son energía que necesita propósito y dirección. Varían de la ansiedad a la esperanza, de la preocupación al asombro. Tienes mundo y tiempo de sobra para ser curioso y observar, porque sabes que la ansiedad no es para siempre.

También haz caso a la ansiedad de otros. Expresar tu abertura a la ansiedad en formas pequeñas tiene un impacto enorme. Si les preguntas a tus amigos y familiares: «¿Cómo estuvo tu día?», en lugar de hacer preguntas tendenciosas como: «¿Tuviste un buen día?», la conversación cambia. Entras en una investigación en la que ni supones ni deseas una respuesta en particular. Las preguntas abiertas no ejercen presión para que te den respuestas alegres y afirmativas como: «¡Tuve un día maravilloso!». Sin importar si la respuesta es buena o mala, preocupada o esperanzada, puedes expresar tu curiosidad acerca de las posibilidades si dices: «Dime más» o «¿Y qué sentiste?» o «Te entiendo». Deja que el sentimiento exista; resístete a juzgarlo, a censurarlo o a tratar de crear una solución en ese preciso momento. Eso aumentará tu capacidad para escuchar a la ansiedad y para ayudar a tus seres amados a que hagan lo mismo.

SI LA ANSIEDAD NO TE SIRVE, DÉJALA IR POR EL MOMENTO

He pasado la mayor parte de la presente obra diciéndote que no reprimas tu ansiedad, que no le tengas miedo y, sin duda, que no la niegues ni la detestes. Te he dicho que la ansiedad incluye información valiosa y que cuando la escuchas obtienes una gran sabiduría acerca de ti mismo y de aquello que te importa. La ansiedad es la emoción que te puede ayudar a hacer lo que necesitas para mejorar tu vida.

Pero no siempre.

La ansiedad no es útil ni llana en *toda* ocasión. A veces revela su mensaje con enorme lentitud. En otras ocasiones no tiene caso alguno y conlleva mucha emoción, pero poca información de utilidad que puedas discernir.

Y esa es la razón por la que es importante que te percates de que las ansiedades caen dentro de una de dos categorías: la ansiedad que resulta útil y la que no. ¿Cómo distingues entre una y otra?

Te despiertas pensando acerca de ese problema grave en la escuela de tu hija, en el límite de tiempo que tienes para entregar tu trabajo, o en el aparato doméstico que *de verdad* necesitas reemplazar. Tratas de dejar de pensar en ello, pero tu mente regresa a lo mismo sin cesar. Estas preocupaciones son señales que te están diciendo lo que te está molestando de la manera más directa posible y que te están impulsando a actuar de formas claras y específicas.

Esa es ansiedad útil.

Aparte está la ansiedad que no resulta de utilidad, o que no resulta de utilidad *por el momento*, típicamente por una de dos razones: o porque no te ofrece medidas razonables que puedas tomar, o porque es libre flotante y no está vinculada con ningún problema en particular. Cuando la ansiedad no te deja opciones, te sientes fuera de control.

No puedes pensar en las acciones que debes tomar para aliviar tus sentimientos de ansiedad con el fin de resolver la situación a tratar. Es como cuando vas al médico para que te tomen una biopsia; no hay nada que puedas hacer, sino hasta tener los resultados. Este tipo de ansiedad puede hacerte sentir abrumado e indefenso, atorado en un ciclo de preocupación y aprehensión extremas. Es difícil ver qué puedes hacer con ella.

También está la ansiedad libre flotante, una sensación de angustia tan vaga que resulta difícil identificar qué, si es que algo, requiere tu atención, o qué pasos deberías dar, como cuando te paseas por allí con una sensación persistente y perniciosa de zozobra, como si el mundo estuviera fuera de su eje, pero sin que sepas la razón, aunque tu vida se vaya en ello. Es posible que, con el paso del tiempo, la causa de la ansiedad termine por revelarse, momento en el cual podrás lidiar con ella. O tal vez se trate de una falsa alarma; humo, pero sin fuego. La ansiedad no es perfecta. Es humana, de modo que hay ocasiones en que se equivoca.

En cualquiera de estos dos casos lo único que puedes hacer es dejar tu ansiedad de lado, guardarla con cuidado e intentar algo distinto. Dejar ir a la ansiedad.

Esto no quiere decir que la reprimas o que trates de borrarla. Solo tómate un descanso y vete a hacer algo más. La ansiedad te esperará y, cuando regreses a ella, quizás halles que tomaste alguna acción que ayudó a aliviarla. O tal vez la ansiedad no tenía que ver con nada en realidad; solo fue un error del sistema.

Décadas de investigaciones nos muestran las formas de dejarla ir: cultivar experiencias que te desaceleren y te hagan sumergirte en el presente. Cuando yo me siento abrumada por la ansiedad, leo alguno de mis poemas favoritos o escucho algo de música que me transporte. Doy una caminata para disfrutar de la belleza del mundo natural, admiro algunos árboles magníficos, advierto el juego de luces en algún edificio o fijo mi atención en las exquisitas venas de una hoja. Es frecuente que me comunique con alguna amistad que me haga sentir en paz, o más como yo misma, porque mis amigos son quienes mejor me conocen en el mundo entero.

Sea cual sea la experiencia que te funcione para desacelerarte y absorberte en el momento presente, pasa un tiempo allí. Empezarás a romper el círculo vicioso de la ansiedad que te está arrojando por las madrigueras de conejo de la preocupación y la zozobra. También adquirirás una sensación de asombro y de apertura relacionada con que formas parte de este enorme universo de posibilidades y que tienes un lugar en él, donde perseguir tu propio propósito especial.

Nutrida por estas experiencias, y después de encontrar solaz y claridad, puedes regresar a la ansiedad más adelante, para pensar en ella y escucharla. Encontrarás cómo hacer para que te resulte útil y entonces, como último paso, harás algo propositivo con ella.

SI LA ANSIEDAD ES ÚTIL, HAZ ALGO PROPOSITIVO CON ELLA

Tendemos a abordar la ansiedad como si fuera algún tipo de fracaso: si te sientes mal, algo está mal contigo. A causa de esto, nuestra meta se convierte en manejar la ansiedad para deshacernos de ella. Cuando logras hacerlo, es señal de que eres sano y feliz.

Y eso es exactamente lo contrario a lo que estoy sugiriendo.

Una vida libre de ansiedad no solo es una meta imposible, sino que es una terrible idea, porque *necesitas* la ansiedad para hacer que tu vida sea mejor, en especial en momentos desafiantes. Como exploramos a lo largo del libro, la ansiedad te permite ver qué es importante, centrarte en ello mientras haces los distractores a un lado, y perseguirlo con todas tus fuerzas, o arreglarlo. No es un ruido que silenciar, sino una señal clara y contundente que se destaca en el zumbido de la estática de la vida.

Nuestra mente pasa la mitad del tiempo vagando. No es que se trate de un error evolutivo, porque cuando el cerebro entra en lo que se conoce como modalidad por defecto y deja que la mente vague, se está tomando un descanso, pero sigue activo;[4] las investigaciones demuestran que, en realidad, está considerando pensamientos acerca de sí mismo y de los demás, en metas y en opciones. De hecho, está

---

[4] Marcus E. Raichle, «The Brain's Default Mode Network», *Annual Review of Neuroscience* 38, núm. 1 (2015): pp. 433-447, doi:10.1146/annurev-neuro-071013-014030.

conservando energía hasta que algo atraiga su atención, como un conductor que se deja llevar de manera perezosa mientras maneja por un camino rural pero que se centra como un láser cuando una tormenta de nieve aparece de la nada. La ansiedad es la señal de que es momento de prestar atención. Son órdenes militares: *se avecina una tormenta; prepárate para actuar.*

La ansiedad encauza nuestra atención y energías porque quiere que hagamos algo. Y, al igual que cualquier energía, que no puede crearse ni destruirse, la ansiedad necesita convertirse, canalizarse, tener un sitio a dónde ir. De lo contrario, la presión aumenta y tu calidad de vida sufre por ello.

Uno de los más largos y amplios estudios longitudinales que jamás se hayan llevado a cabo, el Estudio de Desarrollo Adulto de Harvard,[5] ha permitido que generaciones de investigadores traten de determinar la respuesta a una pregunta fundamental: ¿qué conduce a una vida sana y feliz? El estudio empezó en 1938 e hizo un seguimiento del bienestar de 268 alumnos de Harvard durante la Gran Depresión —solo hombres, porque en aquel entonces Harvard no permitía que se inscribieran mujeres—, expandiéndolo con el paso del tiempo para seguir a más de 1 300 personas de todas profesiones y condiciones de vida, durante los siguientes 78 años. Los investigadores encontraron que, junto con tener buenas relaciones, uno de los mejores predictores de salud y felicidad, mejor que el nivel socioeco-

---

[5] «Harvard Second Generation Study», Harvard Medical School, https://www.adultdevelopmentstudy.org/.

nómico, el nivel de inteligencia y los factores genéticos, es tener un sentido de propósito en la vida y heredarlo a la siguiente generación. Esto no resulta del todo sorprendente; es uno de esos hallazgos de investigación de «algo que pudo haberte dicho tu abuela». Sin embargo, es parte de la razón por la que sentir ansiedad de la manera correcta significa canalizarla hacia algún propósito.

Cuando mi hijo empezó la secundaria le pregunté qué le venía a la mente cuando escuchaba la palabra *ansiedad*. Respondió: «Estar a solas en una habitación, estresado por completo, y probablemente inundado de tarea». Cuando le hice la misma pregunta a mi hija, que estaba en cuarto grado, me dijo: «Es cuando te sientes nervioso o cuando dudas que puedas hacer algo. Como cuando te tienes que parar en clase para responderle a la maestra o tienes que hacer un baile en el escenario». Sus respuestas no solo reflejaron sus distintas personalidades, que son de lo más diferentes, sino el hecho de que, como alumnos de primero de secundaria y de cuarto de primaria, tenían metas y preocupaciones específicas. Como si se tratara de una brújula, la ansiedad dirigía a cada uno de ellos hacia su norte verdadero, a su propósito único: para Kavi, era manejar sus nuevas demandas académicas, y para Nandini, manejar las impresiones sociales.

La ansiedad no siempre nos dirige hacia algún propósito. En el caso del trastorno obsesivo compulsivo la ansiedad nos lleva a un círculo vicioso en el que las compulsiones, como el lavado de manos, la verificación constante o la búsqueda de reaseguramiento, no nos dan tregua alguna. En el momento reducen los sentimientos de ansiedad, pero el alivio siempre es temporal; regresa la misma intensa ansiedad y las compulsiones deben de volver a llevarse a cabo. Las compulsiones no funcionan a largo plazo porque no son acciones propositivas y eficaces. No resuelven ningún problema, no nos ayudan a crecer y no se dirigen hacia las verdaderas circunstancias de la ansiedad, por lo que persiste el círculo vicioso.

No obstante, la ansiedad útil no puede deslindarse de un propósito. Como lo discutimos en el capítulo 2, esto se debe a que la ansiedad está anclada en los circuitos cerebrales de recompensa, en la motivación impulsada por dopamina para persistir frente a los desafíos y para ir en busca de lo placentero. La ansiedad motiva a las personas no solo a evitar los desastres, sino también a alcanzar la satisfacción, el alivio, la esperanza, el asombro, el deleite y la inspiración. Te sientes ansioso solo cuando algo te importa, de modo que, ¿hacia qué te está dirigiendo tu ansiedad?

La ansiedad me dirigió hacia mi propósito; una trayectoria profesional como científica y escritora. Jamás podría haber establecido un exitoso laboratorio de investigación sin mis capacidades motivadas por la ansiedad: mi curiosidad persistente, la incansable búsqueda de acertijos de investigación, mi capacidad de organización equiparable con la de Marie Kondo y mi habilidad para hacer listas de primera de las cosas que hay que hacer, junto con un saludable salpicón de persistencia obstinada y de atención obsesiva a los detalles. La ansiedad también me ha sido de enorme utilidad como escritora, tanto en mi capacidad para persistir con un manuscrito, incluso durante la vigésima revisión, porque he aprendido que escribo mejor cuando se conecta con las cosas que más me importan, con las cosas que me dan mi sentido de propósito.

Cuando hablo de un sentido de propósito no me refiero a una grandiosa visión o a una impetuosa misión de vida. Me refiero a los valores y las prioridades que te hacen ser quien eres, que le dan significado a tu vida. Tú mismo puedes explorar esto último por medio de una técnica que desarrollaron Geoffrey Cohen y David Sherman, de la Universidad de Stanford, y que se denomina *autoafirmación*.[6] Trata de usarla.

Aquí te describo cómo hacerlo. Clasifica los siguientes dominios según la manera en que reflejan los valores que te hacen ser quien eres y que te hacen sentir bien acerca de ti mismo: *1)* habilidades artísticas y apreciación estética, *2)* sentido del humor, *3)* relaciones con amigos y familiares, *4)* espontaneidad y vivir la vida en el momento, *5)* habilidades sociales, *6)* atletismo, *7)* habilidad y apreciación musical, *8)* atractivo físico, *9)* creatividad, *10)* habilidades empresariales y gerenciales y *11)* valores románticos.

Ahora toma los tres más importantes y escribe acerca de cómo te reflejan a ti y a tu propósito en la vida. Tómate algunos momentos para explorar cada dominio. Escribe hasta que no tengas más que decir y, después, escribe un poco más.

---

[6] Geoffrey L. Cohen y David K. Sherman, «The Psychology of Change: Self-Affirmation and Social Psychological Intervention», *Annual Review of Psychology* 65, núm. 1 (2014): pp. 333-371, doi:10.1146/annurev-psych-010213-115137.

Las investigaciones demuestran que cuando las personas se toman un tiempo para autoafirmarse, para expresar aquello que valoran y las razones por las que lo hacen, se eleva su estado de ánimo, mejoran su concentración y aprendizaje, sus relaciones se vuelven más satisfactorias e incluso se potencia su salud física. Estos beneficios pueden perdurar por meses y hasta por años.[7]

Cuando canalizas tu ansiedad hacia la búsqueda y priorización de tu propósito se convierte en valentía. Es cuando te das cuenta de que no solo está bien que te sientas ansioso acerca de algo que de verdad te importa y que valoras, sino que es *porque* te importa que te sientes ansioso. Es la razón por la que persistes en lo que sea, incluso cuando resulta difícil. La ansiedad energiza tu ímpetu, le da rienda suelta a tu fuerza. Y lo más sorprendente de la ansiedad es que disminuirá de forma natural cuando lleves a cabo acciones propositivas e inteligentes. Cuando ya no la necesites se hará a un lado.

Esa es la razón por la que existe la ansiedad: nos permite realizar nuestro propósito en la vida. O nuestros propósitos, debería decir. Sea que se relacionen con la familia, el trabajo, los pasatiempos o las comunidades de fe, las personas persiguen una variedad de propósitos por diferentes razones; algunas porque creen que deberían hacerlo y otras porque es el ideal al que aspiran. Es importante saber la diferencia, porque el que te veas influido por tus deberes o por tus ideales influirá en lo que hagas a continuación.

---

[7] *Idem.*

Piensa en dos estudiantes que se hayan hecho el propósito de obtener las calificaciones más altas de su clase. Uno espera obtener dicha calificación y, si lo logra, sentirá la más profunda satisfacción. Está motivado a esforzarse hacia los ideales del logro positivo y del crecimiento.

En contraste, el segundo alumno cree que obtener la máxima calificación posible es su obligación, algo que debería lograr para satisfacer sus estándares personales y agradar a los demás. Está motivado a evitar el fracaso y a conservar un *statu quo* satisfactorio.

Sus motivaciones moldearán la manera en que persiguen su propósito. El estudiante centrado en lo que debe hacer se mantendrá atento y deliberado, se cuidará de no cometer errores y cumplirá con todos los requisitos del curso al pie de la letra para evitar el fracaso. En contraste, el alumno centrado en sus ideales tiene grandes probabilidades no solo de trabajar duro, sino de exceder las expectativas, entusiasmado por ir más allá de lo que se le está pidiendo en su búsqueda por aprender y lograr algo nuevo. Podrás ver los beneficios de ambos enfoques, pero el camino que elijas dependerá de tus propios valores.

E. Tory Higgins, profesor de psicología en la Universidad de Columbia, pasó décadas formulando y estudiando cómo es que las obligaciones y los ideales influían en la motivación y en los logros.[8] Encontró que mientras las personas más perseguían sus propósitos en formas que coinci-

---

[8] E. Tory Higgins, «Self-Discrepancy: A Theory Relating Self and Affect», *Psychological Review* 94, núm. 3 (1987): pp. 319-340, doi:10.1037/0033-295x.94.3.319.

dían con sus propios valores personales, es decir, de manera entusiasta y expansiva si enfatizaban los ideales, y con cuidado y detalle si enfatizaban sus deberes, más involucradas se sentían, mayores éxitos alcanzaban y mejor se sentían al respecto. Cuando existe una discordancia, por ejemplo, cuando una persona que se enfoca en los ideales persigue una meta solo porque «debería», aumentarán la ansiedad y la angustia de la persona. Tus emociones te harán saber cuando no estés en sintonía con tu propósito.

Higgins y sus colegas han mostrado los beneficios de esta «coincidencia» una y otra vez. Por ejemplo, en un estudio relacionado con metas nutricionales se midió el énfasis natural que las personas daban a sus ideales o a sus deberes antes del experimento.[9] Después se les indicó que comieran más frutas o verduras, ya fuera por los beneficios de salud implicados en hacerlo (ideales) o por los elevados costos de no hacerlo (deberes). Cuando su motivación coincidió con las razones que se daban para comer de modo más saludable, consumieron 20% más frutas y verduras a lo largo de la semana siguiente que cuando no existía tal coincidencia. Higgins y sus colaboradores demostraron que el beneficio de esta coincidencia no se limita a la comida saludable; influye en lo que la gente compra, en sus creencias políticas y en sus juicios morales acerca de lo que es correcto o incorrecto.

---

[9] Scott Spiegel, Heidi Grant-Pillow y E. Tory Higgins, «How Regulatory Fit Enhances Motivational Strength During Goal Pursuit», *European Journal of Social Psychology* 34, núm. 1 (2004): pp. 39-54, doi:10. 1002/ejsp.180.

¿Y qué me dices de ti? ¿Qué tanto influye en ti lo que crees que deberías hacer o lo que sueñas que es posible? Podrías hallar que tus motivaciones no son las mismas en toda situación, de modo que no supongas que responderás lo mismo en cada ocasión. Tu ansiedad te puede ayudar a averiguar el sitio exacto en el que te encuentras.

Hace poco descubrí que este fue el caso cuando empecé a batallar con una ansiedad intensa. Me sentía ansiosa por una experiencia de lo más estresante que mi esposo estaba atravesando en su trabajo; una que amenazaba su sustento. Estaba haciendo mi mejor esfuerzo por brindarle mi apoyo, pero también estaba teniendo problemas para manejar mi propia angustia.

No tardé en darme cuenta de que no era solo la amenaza de la situación la que había intensificado mi ansiedad a niveles que se sentían como inmanejables y sofocadores, sino el hecho de que no tenía control alguno sobre la situación; no había acción alguna que pudiera tomar, ni otra manera de ayudarlo en realidad, aparte del apoyo que podía brindarle. No había sitio al que pudiera dirigir mi ansiedad, porque sentía que no tenía ningún propósito.

De modo que cambié de perspectiva y fui en busca de un propósito. Gran parte de lo que deseaba en esa instancia se veía motivado por mis obligaciones: deseaba evitar el desastre con desesperación y hacer que las cosas malas se alejaran para que todo regresara a la normalidad. Sin embargo, esa no era una meta que pudiera alcanzar directamente y no se ajustaba bien con mi motivación natural de ir en busca de ideales.

De modo que recurrí a las cosas que nunca dejan de ayudarme a manifestar mi propósito más anticipado y deseado. Primero traté de estar allí para mi marido, ofreciéndole mi apoyo incondicional, al tiempo que buscaba apoyo emocional para mí misma con amigos y familiares que pudieran comprender lo que estábamos atravesando. Las relaciones con mis seres amados me dan un enorme sentido de propósito y significado en la vida. Hacerlo sirvió para calmar un poco la exagerada intensidad de mi ansiedad.

Después aproveché otro aspecto profundamente significativo en mi vida: escribir. Escribí todo lo posible relacionado con la situación y relaté lo que estaba sucediendo desde cada ángulo posible: la secuencia detallada de los sucesos, las reacciones de mi esposo, cada pensamiento que tuve y cada sentimiento que experimenté. No fue lo mejor que he escrito. Lo que es más, fue terrible, pero el punto no era que estuviera bien escrito. Escribirlo todo me permitió ahondar en lo que estaba sintiendo, darle sentido a lo que estaba pasando y darle algo de forma a lo que no parecía ser más que un caos. Escribir me permitió encauzar mi ansiedad para cultivar nuevos discernimientos y un punto de vista fresco. No cambió nada ni mejoró la situación, pero por primera vez en varios días sentí que seríamos capaces de manejar lo que estábamos enfrentando.

Mi experiencia es un ejemplo de cómo encontré un camino para sentirme ansiosa de la manera correcta; incluso cuando la ansiedad parecía superior a lo que podría tolerar. Pero también es un ejemplo del privilegio. Tuve el apoyo de mis seres queridos, un techo sobre mi cabeza y el lujo de darme el tiempo para escribir. Aunque me sintiera fuera de control, había muchos aspectos de mi vida que aún podía controlar.

Y entonces, ¿qué pasa cuando hay una batalla muy real y duradera sin tantas opciones? ¿Qué sucede si la incertidumbre es una compañera constante y no es tan fácil encontrar un sentido de propósito? ¿Sigue sirviendo la idea de hacer algo con la ansiedad, de utilizarla con el fin de perseguir un propósito?

Creo que la respuesta es sí, porque la ansiedad misma no es una carga, sino un don que garantiza que no nos demos por vencidos. Es dolorosa gran parte del tiempo, pero nos hace capaces de manifestar la esperanza. La gente que solo experimenta depresión puede sentirse desesperanzada e incluso es posible que se dé por vencida; pero a aquellos que siguen sintiéndose ansiosos todavía les importa la vida. Todavía tienen algo por lo que vale la pena luchar. Y si acoplan eso que les importa con hasta el más mínimo propósito, su ansiedad ayudará a impulsarlos hacia adelante.

El rescate

Vivimos en un mundo de ideales y deberes, y la ansiedad es nuestra compañera en esa travesía. En este capítulo te dije lo que debías hacer, así como lo que podías hacer en términos ideales, para sentirte ansioso de la manera correcta. Sin embargo, no es nada sencillo. El cambio jamás resulta sencillo y casi nunca hay una sola forma correcta de hacer las cosas, en especial cuando de ansiedad se trata. La multiplicidad de posibilidades es maravillosa, pero también complica las cosas. Por suerte hay indicadores a lo largo del camino.

El más grande de todos es si estamos honrando a la ansiedad; no es que nos guste y, en definitiva, no se trata de que la amemos. Honrar la ansiedad significa que la escuchemos, que averigüemos si nos es de utilidad o no, y que la canalicemos para priorizar y perseguir nuestro propósito. Cuando ese propósito tiene que ver con celebración, asombro, conexión y creatividad, la ansiedad será un potente impulsor para la dicha. La ansiedad está preparada para hacerlo. Evolucionó para hacerlo, acompañada de nuestro cerebro, cuerpo, corazón y mente.

Por debajo de todo lo que haces en tu vida, sea amar a tu familia, incumplir con una fecha límite, comprar cosas en la tienda, ver un partido de futbol con tus amigos, beber una taza de té, tocar el piano, sobrevivir a una pandemia, ejercitarte en el gimnasio, esquiar en agua, gritarles a tus hijos, escribir poesía o irte de vacaciones, hay una profunda corriente oculta de ansiedad, un río fuerte y caudaloso con ondas y remolinos que puedes sondear para obtener mayor energía, sabiduría, inspiración y conocimiento. ¿Podrías ahogarte en un río como este? Sí, pero también puedes navegar por la corriente que te impulsará hacia adelante.

Sin importar dónde te encuentres en el espectro de la ansiedad, puedes escucharla y arrojarte al vacío, sabiendo que esta emoción a veces aterradora es tu aliada. Concebir la ansiedad así requiere de un cambio perceptual, como en el caso de la ilusión óptica del florero de Rubin que te mencioné antes. Justo frente a tus ojos, el florero se transforma, de repente, de ser un objeto por derecho propio a convertirse en el espacio negativo que se encuentra entre dos rostros de perfil. ¿Qué es lo que ves tú; el florero, los rostros o ambos?

No intentes replantear la ansiedad; no la neutralices. Reclámala como lo harías con una historia perdida o como un regalo olvidado en una caja en la última repisa de tu clóset. Puede ser una fortaleza y, como cualquier fuerza verdadera, lleva ciertas vulnerabilidades en su interior. A través de estas vulnerabilidades es que encontrarás tu mejor y más verdadero ser.

Al rescatar a la ansiedad, nos rescatamos a nosotros mismos.

AGRADECIMIENTOS

ESCRIBIR ESTE LIBRO fue una de las cosas más difíciles y satisfactorias que he hecho en toda mi vida. Lo único con lo que puedo compararlo es cuando acompañé a mi hijo hasta el final del tratamiento para su trastorno cardiaco congénito, que terminó con una cirugía a corazón abierto cuando tenía cuatro meses de edad. No lo comparo con eso porque escribir este libro haya sido tan terrible como aquello, para nada; sino porque siempre que recuerdo cualquiera de ambas experiencias me hago la misma pregunta: «¿Cómo demonios logré hacerlo?». En ambos casos, la respuesta es: con (más de) un poco de ayuda de mis amigos.

La lista de personas notables que tengo la fortuna de contar entre mis amistades tiene que empezar con mis agentes, Richard Pine y Eliza Rothstein, y con toda la familia Inkwell. Simplemente son los mejores. Richard, gracias por tu intelecto y tu sentido del humor, por tu amabilidad y por tus discernimientos, que, al parecer, son correctos más de 92% de las veces. Eliza, me acompañaste de manera compasiva por un sinfín altibajos y mejoraste el libro con tu incisiva retroalimentación. Fuiste mi arma (no tan) secreta en cada ocasión. Nada de esto sería posible sin ustedes dos.

Se arriesgaron conmigo y estoy haciendo mi mejor intento por no meter la pata.

Y aparte está Bill Tonelli; mi loquero, profesor, *consigliere* y, por último, mi editor. Bill, eres único. Me ayudaste a encontrar mi voz. Cuando batallé con las ideas más importantes y sentí que quería rendirme, tú me dijiste: «No te des por vencida ahora». Tuve una suerte enloquecida de poder trabajar contigo.

A Karen Rinaldi y al equipo completo de HarperWave: gracias por creer en el mensaje de *El futuro es imperfecto* y de traerlo al mundo con tal excelencia y sabiduría. Me siento bendecida de trabajar contigo y con tu increíble equipo.

El doctor Charkles Platkin, que es tanto colega, como un queridísimo amigo, fue mi socio silencioso en *El futuro es imperfecto*. Me ayudó y me dio consejos a cada paso del camino. Es una de las personas más inteligentes e impactantes que conozco, además de que es un tipazo. Gracias, Charles, por creer en mí. Tu generosidad de espíritu mejoró mi vida enormemente.

Reshma Saujani y Nihal Mehta merecen una mención especial; no podría pedir a dos mejores simpatizantes y porristas. Estoy más que agradecida por su invaluable amistad y por ser las personas tan increíbles que son. Me inspiran constantemente. Jamás dudaron que pudiera lograrlo, de modo que jamás lo dudé yo misma (bueno, casi nunca).

Agradezco a mi red de amigos, que son como mi familia, quienes compartieron sus pensamientos e historias, que me dejaron hablar a fondo acerca de todo tipo de ideas, tanto buenas como malas, y que escucharon con enorme paciencia mis reflexiones y, como mínimo, dos docenas enteras de argumentos de elevador. Estuvieron conmigo a cada momento: Anya Singleton y Mike Aarons, Riaz Patel y Myles Andrews, Kim y Rob Cavallo, Raj y Laura Amin, y Nina y Rome Thomas. Los amo a todos. Agradezco su presencia en mi vida a diario. También estoy de lo más agradecida con Angela Cheng Kaplan, quien transformó mi vida y la de mi familia en formas maravillosas y abundantes; y que me dio consejos increíbles acerca de la charla de bebedero. ¡Estoy trabajando en ello, Angela! Eres una estrella.

Mi profundo agradecimiento a aquellos que con tanta generosidad compartieron sus experiencias e historias. Doctor Scott Parazynski, este libro se vio elevado porque empecé con su historia de fortaleza y heroísmo. Drew Sensue-Weinstein, gracias por enseñarme tanto acerca de la ansiedad y la creatividad. Espero que sigas compartiendo tu visión del mundo. David Getz, director de la East Side Middle School (MS 114), y doctor Tony Fisher, director de la Hunter College High School, los educadores como ustedes son escasos y preciados. Estoy más que agradecida por su compromiso con la salud mental de los niños y me veo inspirada de manera continua por sus increíbles alumnos. A todos los padres y maestros con los que hablé acerca de la ansiedad y la salud emocional en diversas escuelas de la ciudad de Nueva York, incluyendo la All Souls School, la Chapin School, la Collegiate School, la Ethical Culture Fieldston School y la Hewitt School: me alejé de cada conversación con nuevos discernimientos y lecciones. Gracias.

Al escribir este libro pensé mucho en las ansiedades de los niños mientras se abren paso por este mundo tan complejo. A causa de lo anterior, mi agradecimiento por las personas que moldean la vida y personalidad de mis propios hijos creció de forma exponencial, más notablemente hacia sus excelentes maestras (la señorita Z, Emily Zweibel, ¡una mención especial para usted!) y administradores que mis hijos han tenido tanta suerte de tener en Collegiate y en Chapin. Les han enseñado a persistir, a encontrar su fuerza dentro de la comunidad, a plantear preguntas con inteligencia y curiosidad, y a moverse por el mundo de manera valiente y correcta. También estoy muy agradecida con la comunidad de padres de las escuelas de mis hijos. No puedo expresarles lo mucho que significa para mí que pueda contar con tantos de ustedes para que estén presentes para mis hijos. Ese asunto de «Se requiere un pueblo...» ni siquiera se acerca. Sin todo su apoyo y conexión sería mucho, pero mucho más difícil aprovechar la ansiedad como el superpoder que puede llegar a ser.

Gracias especiales a ti, Tim McHenry, director ejecutivo adjunto y director programático del Museo Rubin de Manhattan y curador de las maravillosas series anuales del programa Brainwave, donde conocí al doctor Parazynski, entre otras personas fascinantes. Tim, eres una de las personas más encantadoras que conozco, pero una de las muy pocas personas encantadoras que también posee una profunda amabilidad y sabiduría. Gracias a ti y a tu equipo por ser el corazón y el alma del Rubin. Es una joya cultural y mis experiencias en este han moldeado mi libro profundamente. Candy Chang y James Reeves, gracias por crear el increíble y transformador *Monumento a los ansiosos y esperanzados*, que vivió y respiró dentro del Rubin por muchos meses maravillosos. Su arte dejó una huella indeleble en mí y en esta obra.

Me siento bendecida por tener un increíble equipo de apoyo académico, más notablemente mis estudiantes y colegas del Laboratorio de Regulación Emocional del Hunter College. Ninguna de las investigaciones que se mencionan en este libro existiría sin ustedes. Agradezco su brillantez, su persistencia y su curiosidad. Asimismo están los académicos que hablaron conmigo y que me inspiraron, incluso cuando quizás no se percataron de ello. El doctor Seth Pollak me dio espacio dentro de su sabático para hablar acerca de la vida emocional de los adolescentes. Hay pocos como tú en este campo, Seth; gracias por tus transformadoras contribuciones científicas y por tu ilimitada generosidad intelectual. Gracias también a mis brillantes colaboradoras, la doctora Regina Miranda y la doctora Ekatarina Likhtik, cuyo trabajo me ha enseñado tanto. Regina, me empujaste a pensar de maneras diferentes acerca de cómo se entrelazan los pensamientos y los sentimientos, y a mantener mi centro moral en el foco de mi ciencia. Katya, tus innovadoras investigaciones generaron una revolución en cuanto a lo que pienso acerca de la ansiedad. Me enseñaste acerca de la seguridad, y de cómo es tanto más que la ausencia de amenazas. Estoy más que agradecida con mis colegas de la City University de Nueva York, incluyendo el Departamento de Psicología de Hunter College, el Graduate Center y el Advanced Science Research Center. Gracias a ti, Jenifer Raab, presidenta del Hunter College, por ofrecerme una plataforma para desarrollar y compartir las ideas que se encuentran en este libro. También quiero darles las gracias a mis colegas de NYU Langone Health, incluyendo a la doctora Leigh Charvet y a la doctora Keng-Yen Huang. Inicié mi trayectoria profesional en NYU Langone y fue allí donde conocí a mi colaboradora de toda la vida, la doctora Amy Krain Roy. Amy, los discernimientos e ideas que compartiste conmigo a lo largo de los años que he tenido la fortuna de ser tu colega han moldeado mucho de lo que escribí aquí.

Antes que nada, soy una científica de las emociones, y tengo una inmensa deuda de gratitud con mis colegas y mentores de siempre. A mis colegas y amigos, el doctor Paul Hastings y la doctora Kristin Buss; aprendí muchísimo cuando dimos ese golpe de Estado y escribimos la monografía. Días felices, aquellos. A mi mentora de posgrado, la doctora Pamela M. Cole: Pamela, me enseñaste que todas las emociones eran un regalo, incluso si eran un arma de doble filo, y que la cultura y el contexto importaban. Me siento bendecida por haber aprendido acerca de las emociones, del desarrollo infantil y de los trastornos de la ansiedad de los gigantes del campo, como Pamela, así como del doctor Joseph Campos, el doctor Dante Cicchetti y el doctor Tom Borkovec. Su trabajo redefinió la manera en que comprendemos el riesgo emocional, el bienestar y la resiliencia. Hizo del mundo un lugar mejor.

Mis investigaciones en relación con la tecnología digital y la ansiedad se vieron fuertemente influidas por la doctora Sarah Myruski, una de las personas más inteligentes a las que conozco, por la doctora Kristin Buss (de nuevo), por la doctora Koraly Pérez-Edgar y por tantísimos otros investigadores brillantes de la Universidad Estatal de Pensilvania. También quiero agradecer a Diane Sawyer, a Claire Weintraub y al equipo detrás del excelente programa Screentime Special de la cadena ABC por destacar este trabajo. También obtuve muchísimo de mis colegas en el espacio de bienestar digital, en especial de Kim Anenberg Cavallo y del equipo del National Day of Unplugging (Día Nacional de la Desconexión), de Teodora Pavkovic, Andrew Rasiej y Micah Sifry. Ustedes entienden que, cuando la tecnología se vuelve más humana, todos ganamos.

Mi familia me ayudó a salir adelante. Mamá y John, gracias por su amor y su apoyo, y por ser los mejores abuelos del mundo. Tenemos mucha suerte de que estén en nuestra vida. Tía Beth, mi madrina, siempre me has influido en formas que sospecho que jamás has podido imaginar, incluyendo cuando hiciste que pareciera de lo más genial amar a los libros. A los Beharrys, ¡a todos ustedes! Me dieron a mí y a nuestros hijos una tribu que siempre será nuestro hogar. Gracias a Seeta Heeralall, mi brazo derecho, por estar al centro de nuestra familia durante tantos años. Y, aparte, están Katie y Rob Adams. Los MEJORES. Den, eres mucho más que una hermana para mí. Den Summit me ayudó a sobrevivir algunos momentos difíciles, y tus discernimientos e ideas siempre me ayudaron a virar el camino del libro, y de la mayoría de las demás cosas, para bien. Y Straw, le traes tantísimo amor y luz a nuestra familia. Gracias por ser mi hermano.

A Noci: fuiste mi más consistente compañía a lo largo de los años en los que trabajé con este libro. Gracias por tu inquebrantable lealtad, por tu presencia tranquilizadora y por tu amor a las caricias a tu pancita. Durante nuestras caminatas pude despejar mi cabeza y tuve muchos momentos reveladores.

A Kavi y Nandini: por el hecho de estar en este mundo, hacen que todo sea mejor para mí; más bello y más esperanzador. Quizás estén un poco molestos por aparecer en el libro; espero que no sea así, pero la verdad es que tenían que estar en él porque son mis más constantes maestros. Los amo muchísimo a los dos.

Escribir esta obra ha sido la travesía de mi vida. Gracias a mi amado esposo y compañero de vida, Vivek J. Tiwary, quien me ha proporcionado más amor y apoyo en la labor de escribir este libro y en cada otra cosa de mi vida de lo que jamás pude esperar. Eres mi roca. Por ser la persona que eres, me has permitido creer que cualquier cosa es posible. Te amo, Capitán.

Y, por último, a nuestro pez globo. Encapsulas el espíritu de *El futuro es imperfecto*. Te amamos porque podemos ver que, al igual que todos nosotros, hay cosas por las que estás atravesando. Sigue nadando, amigo.